비전공자를 위한 인공지능 교과서

SEKAI ICHI KANTAN DE JISSENTEKINA BUNKEI NO TAMENO JINKOCHINO NO KYOKASHO

BY Tomoki FUKUMA, Koichi KATO

비전공자를 위한 인공지능 교과서

1쇄 발행 2022년 5월 4일

지은이 후쿠마 도모키, 가토 고이치
옮긴이 정용민
펴낸이 장성두
펴낸곳 주식회사 제이펍

출판신고 2009년 11월 10일 제406-2009-000087호
주소 경기도 파주시 회동길 159 3층 3-B호 / **전화** 070-8201-9010 / **팩스** 02-6280-0405
홈페이지 www.jpub.kr / **원고투고** submit@jpub.kr / **독자문의** help@jpub.kr / **교재문의** textbook@jpub.kr

편집부 김정준, 이민숙, 최병찬, 이주원, 송영화
소통기획부 이상복, 송찬수, 배인혜 / **소통지원부** 민지환, 김수연 / **총무부** 김정미

진행 및 교정·교열 이주원 / **내지디자인** 이민숙 / **내지편집** 북아이 / **표지디자인** 미디어픽스
용지 에스에이치페이퍼 / **인쇄** 한승문화사 / **제본** 일진제책사

ISBN 979-11-91600-74-2 (93000)
값 18,000원

제이펍은 독자 여러분의 아이디어와 원고 투고를 기다리고 있습니다. 책으로 펴내고자 하는 아이디어나 원고가 있는
분께서는 책의 간단한 개요와 차례, 구성과 저(역)자 약력 등을 메일(submit@jpub.kr)로 보내주세요.

비전공자를 위한 인공지능 교과서

후쿠마 도모키, 가토 고이치 지음 / **정용민** 옮김

제이펍

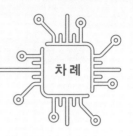

차 례

옮긴이 머리말   ix
베타리더 후기   xi
들어가며   xv

CHAPTER 1 | **인공지능을 두려워하는 이유** 1

1-1   왜 인공지능을 두려워할까요 ································· 3

CHAPTER 2 | **인공지능의 정체** 9

2-1   무엇을 할 수 있어야 인공지능이라고
      부를 수 있을까요 ·································· 11

2-2   인공지능이 생각하기에 합리적인 것은 무엇일까요 ···· 17

2-3   인공지능은 어떻게 해서 최고의
      한 수를 선택할까요 ······························ 20

2-4   인공지능은 어떻게 해서
      실패로부터 배우는 것일까요 ······················ 24

2-5   인공지능에게는 왜 대량의 데이터가 필요할까요 ····· 30
      COLUMN 인공지능 화가와 뮤지션이 탄생할 것인가 34

CHAPTER 3 | 인공지능은 어떻게 진화해 왔을까요 35

3-1 인공지능이 왜 지금 주목받는 것일까요 ················ 37

3-2 인공지능 연구가 급속히 확대되고 있다고
할 수 있는 근거는 무엇일까요 ···················· 39

3-3 예전의 인공지능은 어떤 것이었을까요 ·············· 43

3-4 옛날과 오늘날에 인공지능의 차이점은 무엇일까요 ··· 49

3-5 머신러닝이란 무엇인가요 ·························· 53

CHAPTER 4 | 인공지능은 인간과 어디까지 가까워질 수 있을까요 59

4-1 인공지능은 사람의 마음을 이해할 수 있을까요 ········ 61

4-2 인공지능이 쓴 글에서 지성이 느껴지는
이유는 무엇일까요 ······························· 65

4-3 인공지능이 똑똑해지는 데 사람의
지식이 도움을 줄 수 있을까요 ····················· 67

CHAPTER 5 | 인공지능은 틀릴 수 있다 71

5-1 인공지능은 어떨 때 틀리는 걸까요(첫 번째) ·········· 73

5-2 인공지능은 어떨 때 틀리는 걸까요(두 번째) ·········· 77

COLUMN 높은 표현 능력을 가진 딥러닝 모델 80

5-3 인공지능은 어떨 때 틀리는 걸까요(세 번째) ·········· 81

5-4 인공지능은 어떨 때 틀리는 걸까요(네 번째) ·········· 85

COLUMN 과학습의 처리 방법 88

5-5 인공지능이 내린 답을 믿어도 될까요 ··············· 89

CHAPTER 6 | **인공지능 내부에 잠재된 악의란 무엇일까요** 95

6-1 인공지능을 속일 수 있다는 것이 사실일까요 ·············· 97
COLUMN 딥페이크 기술의 순기능 107

6-2 인공지능이 사람을 차별한다는 게 사실인가요 ········· 108

6-3 인공지능의 예측이나 결정을
믿을 수 있게 하려면 무엇이 필요할까요 ····················· 114

6-4 인공지능은 어떻게 해서 예측이나
결정의 근거를 설명할 수 있을까요 ···························· 118

6-5 인공지능의 예측이나 결정을 믿을 수 있게 하려면
설명 이외의 다른 방법도 있을까요 ·························· 124

CHAPTER 7 | **앞으로의 인공지능은 어떻게 될까요** 129

7-1 인공지능이 감정을 갖게 된다는 게 사실인가요 ········· 131

7-2 인공지능이 인공지능을 만든다는 게
무슨 뜻인가요 ··· 135

7-3 인공지능끼리 바둑을 두면 어떻게 되는 건가요 ········· 142

7-4 인공지능은 어떻게 진짜 같은
가짜 영상을 만드는 걸까요 ································· 146

7-5 인공지능은 어떻게 불량품을 찾아낼까요 ················ 150

CHAPTER 8 | **인공지능 연구의 최전선** 153

8-1 인공지능 연구가 급속도로 진행되고 있는
이유를 알려 주세요 ······································· 155

8-2 인공지능 연구를 이끌어 나가고 있는
나라는 어디일까요 ·············· 161

8-3 인공지능 연구의 최신 동향을 알고 싶으면
어떻게 해야 하나요 ·············· 168

8-4 인공지능 연구의 성과는 어떻게 평가되나요 ·········· 175

8-5 인공지능 연구가 당면한 과제는 무엇일까요 ·········· 179

CHAPTER 9 | **인공지능을 잘 다루려면** 183

9-1 인공지능 프로젝트에 도전하려면 어떤 것에
주의해야 할까요 ·············· 185

9-2 인공지능 프로젝트에서 차별화할 수 있는
포인트를 알려 주세요 ·············· 189

CHAPTER 10 | **인공지능 투자를 성공적으로 이끌어 가려면** 195

10-1 어떤 영역의 인공지능에 투자해야 할까요 ·············· 197

10-2 인공지능 비즈니스에 도전하려면
어떤 것에 주의해야 할까요 ·············· 201

CHAPTER 11 | **가까운 미래의 인공지능은 어떻게 될까요** 207

마지막으로　　214
도판 출처　　218
참고문헌　　223
찾아보기　　227

옮긴이 머리말

인공지능은 다양한 학문적 기반을 토대로 발전해 왔습니다. 그 내부 구조를 들여다본다면 수학, 컴퓨터 과학, 통계학, 도메인 지식이 융화된 종합 예술과도 같습니다. 그럼 인공지능을 처음 접할 때는 무엇부터 시작해야 할까요? 이에 대한 대답은 어떤 관점에서 접근하느냐에 따라 달라질 것입니다.

공학도라면 컴퓨터 과학과 수학적 지식을 바탕으로 지도 학습, 비지도 학습, 강화 학습, 딥러닝 등 기술 분야를 학습해야 하겠지만, 기업의 실무 담당이나 경영진이라면 이런 부분은 중요하지 않습니다. 개념을 이해하고 도메인 지식을 바탕으로 비즈니스 측면을 검토하고, 여기에 통찰력이나 창의력을 발휘하는 것이 중요합니다. 이 책은 후자에 초점을 맞추고 있어서 인공지능을 접해본 적이 없는 독자도 쉽게 개념이나 동작 원리, 배경지식을 이해하는 것을 목적으로 합니다. 하지만 이론 위주로 설명하면 자칫 지루해질 수 있기 때문에 흥미를 유발할 만한 질문을 각 장에서 제시하고, 그 답변으로 내용을 전개해 나갑니다.

또 답변을 풀어나갈 때 저자는 전문 용어보다는 이해하기 쉬운 단어로만 설명하려고 했습니다.

너무 쉽게 설명하면 추상적인 내용이 될 수 있고, 또 너무 구체적으로 설명하면 내용이 어려워질 수 있는데, 그 가운데서 균형을 잃지 않으려는 저자의 의도가 내용 전반에 드러나고 있습니다. 번역하면서 저자의 노력에 누가 되지 않고 원문의 의도를 올바로 전달하기 위해 최선을 다했습니다. 아울러 우리나라 동향을 추가할 만한 부분은 가능한 한 주석으로 추가했습니다.

전반적인 내용은 어렵지 않기 때문에 소설 읽듯이 가벼운 마음으로 읽어 나간다면 인공지능의 개념을 자연스럽게 이해할 수 있을 것입니다. 업무에 적용하려고 한다면 인공지능 도입에 대한 청사진을 설계하고, 방향을 계획하는 데 참고가 될 것입니다. 아무쪼록 이 책이 독자 여러분께서 인공지능 세계로 내딛는 첫걸음에 큰 도움이 되기를 기원합니다.

좋은 책을 번역할 기회를 주신 제이펍 장성두 대표님과 부족한 원고를 편집하고 보완해 주신 이주원 과장님께 감사드립니다. 항상 기도로 힘을 주시는 부모님과 퇴근 후 밤늦게까지 번역 작업을 하는 동안 의지와 힘이 되어 준 아내와 아이들, 그리고 앞길을 인도하시는 하나님께 감사드립니다.

마지막으로 한 마디만 덧붙이면, 이 책의 앞부분이 인공지능 개념에 대한 설명 위주라면 뒷부분으로 갈수록 저자의 견해가 더해져서 흥미롭고 생생하게 다가왔습니다. 도중에 이해가 안 되는 부분이 있으면 중간중간 건너뛰더라도 반드시 후반부까지 전부 일독하기를 권장합니다.

옮긴이 **정용민**

 강찬석(LG전자)

제목 그대로 인공지능에 대한 지식이 없는 일반인을 대상으로 인공지능이 어떻게 동작하고 우리 생활 속에서 어떻게 활용되는지 그 사례에 대해 소개하고 있습니다. 전문적인 내용으로 복잡하게 설명된 것이 아니라 비전 공자의 관점에서 쉽게 느끼도록 설명되어 있기에 가볍게 읽기 좋습니다.

 김진영(야놀자)

기존에 봤던 인공지능 관련 서적을 떠올리면서 비전공자를 위한다지만, 결국 또 어려운 내용이 되지 않을까 하는 반신반의하는 심정으로 읽었습니다. 하지만 완독한 후 책이 정말 이해하기 쉽게 잘 만들어졌다는 느낌을 받았습니다. 긴장한 것이 무색할 정도로 재미있게 책을 읽을 수 있었습니다. 인공지능의 어려운 원리 등이 아닌, 실생활에 밀접하게 다가오고 있는 인공지능에 대해 가볍게 알아보고 싶은 분께 추천해 드립니다.

김태근(연세대학교 대학원 물리학과)

이 책은 여타 인공지능 전문 서적과는 달리 인공지능을 전혀 접해 보지 못한 사람도 아주 쉽게 이해할 수 있도록 집필된 친절한 책입니다. 더불어 저자의 친근한 문체와 옮긴이의 높은 번역 품질로 책의 첫 장부터 마지막 장까지 마치 소설이나 에세이를 읽듯이 편하게 읽을 수 있었습니다. 그러면서도 책 안에 담긴 여러 유용한 정보와 철학적, 윤리적 고찰은 상당한 수준이라 여러 번 읽으며 곱씹을 수 있는 책입니다. 지금까지 베타리딩하며 읽은 책 중에 번역 품질이 가장 우수했습니다. 단어와 문장 사용이 아주 유려해서 어색함이 단 하나도 없었고, 심지어 책 후반에는 그래프나 자료 등에 우리나라 상황을 자연스레 녹여서 이 책이 번역된 책인지조차 헷갈릴 정도였습니다. 또한, 여러 그래프와 자료의 편집도 훌륭하여 가독성이 엄청난 책이었습니다. 근래 나올 인공지능 교양서적 중 거의 최고의 책이 아닐까 싶네요. 이런 훌륭한 책을 선정하고 또 작업해 주신 제이펍 관계자분께 감사드립니다.

김호준(한국오픈솔루션)

'비전공자를 위한'이란 제목에 맞게 수식이나 코드에 대한 부담 없이 읽을 수 있는 책입니다. 인공지능의 동작 원리, 약점, 올바른 사용법, 그리고 현재 상황까지 평소에 궁금하였던 부분을 이 책을 통해 해소할 수 있어서 좋았습니다. 그리고 무엇보다 쉽게 읽히는 점이 가장 좋았습니다. 현재 인공지능 업계에서 일하거나 일할 분이라면 꼭 읽어볼 것을 추천합니다. 저자가 참 글을 쉽고 재미있게 잘 쓰기도 했고, 번역도 깔끔해서 술술 잘 읽혔습니다.

송헌(루닛)

인공지능/머신러닝 기술에 대해 흥미가 있고 실체를 알고 싶은 일반인에게 추천합니다. 어설프게 구체적으로 설명하지 않고, 뜬구름 같은 설명 없이 비전공자도 인공지능이라는 거대한 숲을 바라볼 수 있게 해주는 책입니다. 특히, 인공지능으로 인한 미래산업 구조의 변화에 두려움 혹은 호기심이 있던 분의 갈증을 풀어줄 수 있겠다고 생각됩니다. 개인적으로 번역과 내용 자체도 퀄리티가 굉장히 높은 책이라고 생각하며, 재미있게 읽었습니다. 교양서적으로서 다른 사람에게도 충분히 추천할 만한 책이 나온 것 같아서 기쁩니다.

 신진규(JEI)

공학적 지식이 부족한 분에게 인공지능에 대해 이해하는 데 도움이 될 것 같습니다. 수학이나 기술적인 이론에 대한 이야기를 배제한 채 인공지능에 대해 소개하고 있습니다. 덕분에 가벼운 마음으로 인공지능에 대해 생각해 볼 수 있습니다. 읽기에 대체로 평이하며, 오타나 오역도 거의 없었습니다.

양성모(현대오토에버)

이 책은 기술적인 설명이나 수식 없이 누구나 인공지능을 이해할 수 있도록 친절하게 설명하고 있습니다. 비전공자뿐 아니라 업무에 인공지능을 처음 도입해야 하는 프로그래머도 막연한 두려움을 없애는 데 큰 도움이 될 것 같습니다. 전반적으로 번역이 매끄럽고 깔끔하여 읽기 편했습니다. 특히, 일본 서적이라 일본을 기준으로 작성된 통계나 정보를 단순 번역한 것이 아니라 우리나라의 현재 상황을 더하여 적어 주신 부분이 좋았습니다.

이현수(유노믹)

시중의 다른 인공지능 책 중 머신러닝, 강화 학습, 딥러닝 책이 그러한데, 대개 책 첫 장만 넘어가면 바로 어려운 수학, 통계학 용어에 코드와 수식과 차트가 난무하곤 합니다. 뭐가 뭔지 제대로 모르는 상황에서 코드만 입력하고 있으면 머릿속에 남는 게 하나도 없었습니다. 이 책은 인공지능에 관해 아무것도 모르는, 혹은 잘 모르는 사람에게 매우 친절하고 도움이 되는 책입니다. 번역이 깔끔해서 단숨에 읽을 수 있었습니다. 마치 우리나라 사람이 쓴 책처럼 막힘없이 술술 읽히는 느낌입니다.

제이펍은 책에 대한 애정과 기술에 대한 열정이 뜨거운 베타리더의 도움으로 출간되는 모든 IT 전문서에 사전 검증을 시행하고 있습니다.

필자들은 인공지능 연구원이면서 기업의 인공지능 도입에 대한 컨설팅도 병행하고 있습니다. 컨설팅을 하다 보면 인공지능이 가져올 미래에 대해 불안감을 느끼는 분이 많다는 걸 느낍니다. 최근 몇 년 사이 '인공지능이 당신의 일자리를 위협할 것이다', '인공지능이 인류를 지배할 것이다'라는 논조의 서적도 출판되었으며, SF 영화처럼 최소 몇 년 동안은 기술적으로 실현 불가능한 이야기를 조만간 일어날 것처럼 말하면서 과도한 공포감을 조성하기도 합니다.

인공지능은 거대한 기술 혁신이면서도 일상과 밀접한 관계가 있기 때문에 기대에 앞서 불안을 느끼는 것은 어쩌면 당연할 수 있습니다. 게다가 수학적 통계와 공식으로 구성되어 비전공자가 이해하기 어려운 수수께끼처럼 보이는 것도 그 이유 중 하나일 것입니다. 그 때문인지 최근 몇 년간 인공지능에 관해 받은 질문은 기술적인 내용보다는 다음과 같은 것들이 많았습니다.

- 인공지능은 이미 우리 가까이에 있으며, 개인적으로도 업무적으로도 떼려야 뗄 수 없는 관계가 되었습니다. 비전공자를 대상으로 하는 도서는 개념적인 것만 다루고 있으며, 구체적인 내용은 없습니다. 한편, 인공지능을 깊게 이해하려고 하면 수식과 프로그래밍 코드로 구성된 책뿐이라 진입 장벽이 높습니다. 저는 전문가가 아닌데 인공지능을 이해하려면 어떻게 해야 좋을까요?
- 상사로부터 인공지능을 업무에 적용하라는 지시를 받았는데, 무엇부터 시작해야 할까요?
- 부하 직원이 인공지능을 도입하자고 제안했는데, 투자 측면의 타당성을 어떻게 판단할지 알 수 없습니다.
- 인공지능의 내부 구조를 모르니까 인공지능이 내놓는 해답도 신뢰가 가지 않습니다. 인공지능을 어디까지 신뢰하면 좋을까요?
- 인공지능 내부 구조를 알고 싶지만, 프로그래머가 아니다 보니 수식으로 된 것은 이해하기 어렵습니다.
- 인공지능은 누가 어떤 식으로 연구하고 있는 건가요? 인공지능은 앞으로 어떻게 되는 건가요?
- 인공지능을 사용해서 뭔가를 하기(예를 들어, 창업 등의 투자)에 적절한 타이밍은 언제일까요?

이런 질문은 일반적인 사용자는 물론이고 인공지능을 통해 업무를 개선하거나, 더 나아가 새로운 사업을 구상하는 사람에게도 중요한 문제입니다. 필자들이 이 책을 집필하게 된 계기도 바로 이것입니다.

이 책은 인공지능 연구자의 입장에서 인공지능의 실체를 쉽게 알려주기 위해 집필하였습니다. 대상 독자를 IT 비전공자로 전제하고, 수학적 지식이 없어도 이해할 수 있게 노력했습니다. 물론, 프로그래밍 지식도 필요 없습니다.

10년 후 인공지능 분야의 최첨단 기술은 무엇일까

오늘날 인공지능 기술은 눈부시게 발전했습니다. 그에 따라 변화의 속도도 빨라져서 지금 유행하는 딥러닝deep learning(심층학습. 3장에서 이어서 설명)도 10년 전에는 '과거'의 기술[1]로 여겨졌습니다. 인공지능 붐은 기술의 교체가 자주 일어나서 10년 후 무엇이 최첨단 기술이 될지는 예측하기 어렵습니다.

어느 날 무심코 보던 개그 프로에서 '굿바이, 청춘의 빛(さらば青春の光)'이라는 개그 콤비가 출연했는데, 방송을 보면서 뭔가 오싹한 기분마저 들었습니다.

어떤 박사가 타임머신에 관한 연구를 하고 있었습니다. 어느 날 새로운 타임머신 이론을 발견하게 되었고 이를 의기양양하게 발표했습니다. 그 이론은 해당 분야 연구의 커다란 돌파구가 되었으며, 많은 연구자들은 머지않아 타임머신이 완성될 것이라고 믿었습니다.

그런데 발표를 마치고 박사가 방에 돌아온 직후, 눈앞에 갑자기 한 청년이 나타났습니다. 청년은 미래에서 타임머신을 타고 왔다고 말했습니다.

"해냈다! 타임머신은 실현되었다!"

박사는 크게 기뻐했습니다. 청년에게 "어느 시대에서 왔습니까?"라고 박사가 묻자 청년은 "52만 년 뒤에서요."라고 대답했습니다.

이어서 청년은 박사를 다그쳤습니다.

"미래의 타임머신은 박사님이 생각하는 것과는 구조가 완전히 다릅니다. 오히려 박사님이 발표한 논문 때문에 전 세계 연구자 모두가 샛길로 빠져서 완성이 48만 년이나 늦어졌습니다."

1 　[옮긴이] 딥러닝은 1980년대 처음 발표되었지만, 컴퓨팅 성능이 받쳐주지 못해서 비현실적인 기술로 여겨졌습니다. 하지만 2012년 이미지 인식 대회(ImageNet Large Scale Visual Recognition Challenge, ILSVRC)에서 딥러닝(CNN)을 이용한 AlexNet이 1위를 달성하면서 주목받기 시작했습니다.

현재 인공지능의 발전 방향이 이 개그처럼 극단적이지는 않겠지만, 앞으로 기술 발전이 어떻게 진행될지는 알 수 없습니다. 이 책을 집필하는 동안에도 기술 혁신은 빠르게 일어나고 있습니다. 지금 불고 있는 열풍도 어찌 보면 미래의 인공지능 발전을 방해하고 있을 가능성도 전혀 배제할 수는 없습니다.

그런 의미에서 요즘 같은 인공지능 시대에 경쟁력을 갖기 위해서는 다음과 같은 자세가 중요합니다.

- 항상 새로운 것을 너그러이 수용하려는 자세
- 주위에 휩쓸리지 않고 인공지능의 좋은 점과 나쁜 점을 다양한 각도에서 파악하려는 시선
- 기술을 무조건적으로 신뢰하지 않는 자세

인공지능 연구에서 정보의 가치는 빠르게 하락하기 때문에 항상 동향을 파악하고 있어야 합니다. 그리고 새로운 기술로 무엇을 할 수 있을지, 그 위험은 무엇인지, 이를 통해 사회가 어떤 방향으로 변할 것인지 등 다양한 각도에서 바라보는 시선도 중요합니다. 그런 시선의 일환으로 이 책은 다음과 같은 내용을 다루고 있습니다.

인공지능이란 원래 무엇인가

인공지능은 내부를 알 수 없는 블랙박스처럼 느껴집니다. 이 책에서는 인공지능을 제대로 활용하기 위해서 기본적인 구조를 설명합니다. 인공지능이 가진 신비의 수수께끼도 밝힐 것입니다.

인공지능이 학습한다는 것은 무엇인가

인공지능이 해답을 낸다는 것은 인공지능 속에서 어떠한 학습과 판단이 일어나고 있다는 것입니다. 인공지능이 하는 학습은 도대체 어떤 식으로 이뤄지는 것일까요? 그것은 사람이 하는 학습과 같은 것일까요? 이 원리를 알면 인공지능이 만들어 내는 결과를 어느 정도까지 신뢰해야 할지 알 수 있습니다.

인공지능은 앞으로 어떻게 진화할까

인공지능의 미래를 예측하기 위해서, 먼저 지금까지 인공지능이 진화해 온 과정을 설명합니다. 최근 몇 년간 인공지능의 학습 수준은 빠르게 진화하고 있습니다. 인공지능이 인공지능을 만들거나 인공지능이 인공지능의 정확성을 모니터링하는 기술도 개발되었습니다.

인공지능은 실수한다

인공지능은 만능이 아닙니다. 설계자가 계획하지 않았던 실수도 자주 합니다. 인공지능은 왜 실수를 하는 것일까요?

인공지능이 만들어 내는 답을 우연의 산물이라고 하는 사람도 있습니다만, 그렇게 말하는 이유와 함께 인공지능을 신뢰할 수 있도록 만들기 위한 방법을 설명합니다.

인공지능에 나타나기 시작한 악의와 차별 의식

인공지능의 학습 과정은 고도로 자동화되어 있으며, 인공지능이 사람을 속이려는 것처럼 동작하는 경우도 있습니다. 인공지능이 만들어 낸 결과에 악의와 차별 의식이 포함된 것처럼 보이기도 하며, 인공지능으로 가짜 뉴스나 영상을 쉽게 만들 수 있게 되었습니다. 이 책에서는 그 원리와 대책에 관해 설명합니다.

인공지능 연구의 최전선

인공지능은 전 세계 연구자들에 의해 매일 개선되고 있습니다. 그 실태를 알아야 미래 인공지능의 청사진을 그려낼 수 있습니다. 전 세계에서 누가 인공지능을 이끌어 가고 있을까요? 인공지능 연구는 어떤 동기에서 이루어지고 있을까요? 인공지능 연구 프로그램은 왜 오픈소스로 무료 공개된 것이 많을까요? 인공지능 연구는 얼핏 화려하게 보이지만, 어두운 면도 존재합니다. 전 세계의 인공지능 연구 실태를 들여다보았습니다.

인공지능을 잘 다루려면

인공지능은 복합적인 기술입니다. 인공지능을 잘 다루는 것은 요리에 비유할 수 있습니다. 좋은 재료가 있어도 그것만으로는 요리가 되지 않습니다. 레시피는 물론이며, 조리 기구가 준비되어야 하고, 거기에 요리사가 있어야 비로소 하나의 요리가 완성됩니다. 인공지능 세계도 마찬가지입니다. 프로그램 하나만으로 시스템이 완성되고 좋은 결과를 이끌어 낼 수 있는 것은 아닙니다.

인공지능에 투자할 타이밍은

인공지능을 업무에 도입하거나 인공지능 분야의 비즈니스에 투자하는 것이 빠르면 빠를수록 좋은 경우도 있지만, 지나고 보면 꼭 그렇지만은 않습니다. 인공지능에는 여러 종류가 있고 각각의 장단점이 있습니다.

이 책은 비즈니스 모델과 인공지능의 정확성의 관계를 고려하여 투자를 성공시키기 위한 필수 요건은 무엇인지 생각합니다. 또한, 인공지능 적용에는 기술 문제 외에도 풀어야 할 과제가 있습니다. 예를 들어, 자율 주행 인공지능에서 '어떤 사람을 살리기 위해 다른 사람을 희생하는 것이 허용될까?'와 같은 '트롤리 딜레마Trolley Dilemma(또는 **Trolley Problem**)'는 유명합니다. 이렇듯 윤리와 법적 측면에 대해서도 고려해야 합니다.

이 책은 기업과 대학의 인공지능 연구자가 바라보는 인공지능 세계의 지도를 독자와 공유하는 것을 목표로 합니다. 필수적인 이론을 추상적으로 다루고 넘어가면 오히려 이해하기 어려울 수 있어서 될 수 있는 한, 우회하지 않고 정면으로 다룹니다.

이 책을 읽는 것으로 '인공지능 내부 구조'는 물론, '인공지능 연구자가 생각하는 인공지능의 미래와 가치관' 그리고 '인공지능의 올바른 사용법과 적절한 투자 타이밍' 등을 알 수 있습니다. 인공지능을 비즈니스에 활용하는 경우에는 이른바 '데이터 과학자'나 '인공지능 엔지니어'와 같은 눈높이에서 대화가 가능해지는 것을 목표로 합니다.

이 책이 부디 독자 여러분에게 도움이 되기를 바랍니다.

후쿠마 도모키(도쿄대학교 대학원 박사 과정/주식회사 TDAI Lab 대표)

가토 고이치(와세다 정보기술 연구소 대표)

1

인공지능을
두려워하는 이유

1-1 왜 인공지능을 두려워할까요

왜 인공지능을 두려워할까요

인공지능은 한 가지 분야라도 사람만큼 잘 해내면 만능이라는 착각이
들게 합니다.

바야흐로 인공지능의 전성시대라고 해도 과언이 아닙니다. 최근 몇 년간
인공지능은 제조, 유통, 서비스, 금융, 정보 통신, 의료, 사회 인프라 등
대부분의 비즈니스 영역에 진출한 것은 물론이고, 주변의 일상 곳곳에서
도 쉽게 찾아볼 수 있습니다.

일일이 다 나열하기 어려울 정도이지만, 몇 가지 대표적인 예를 들자면 다
음과 같습니다.

- 검색 엔진
- 스마트폰 음성 인식
- 인터넷 쇼핑 상품 추천
- 스마트 스피커

- 자율 주행 자동차
- 자산 운용 서비스
- 로봇 청소기

또한 그림 1은 세계 인공지능 시장 규모를 나타내고 있습니다. 연평균 38.4%의 가파른 성장률을 보이고 있으며, 한국신용정보원은 2025년에 1천 840억 달러(약 204조 원) 규모의 시장을 형성할 것이라 전망하고 있습니다.

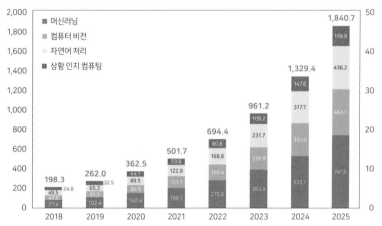

주: 세계 인공지능 시장 규모는 인공지능의 구현에 필요한 하드웨어, 소프트웨어, 인공지능을 이용한 서비스 시장을 모두 포함한 것이며 2019년 기준으로 하드웨어 시장 43.8%, 소프트웨어 시장 27.9%, 서비스 시장 28.3%임.
자료 출처: Global Antificial Intelligence(AI) Market, BCO(2000)

그림 1

맥킨지McKinsey Global Institute에 의하면 **쇼핑, 여행, 교통, 물류, 자율 주행 등의 순서로 인공지능 시장 규모가 증가할 것으로 예측된다**고 합니다. 인공지능이 그 능력을 최대한 발휘하려면 무엇보다 대량의 데이터가 확보되어야 하는데, 고객이 스마트폰이나 PC를 통해 서비스에 접속하면 사용자의 행동 로그 데이터를 쉽게 수집할 수 있어서 인공지능 도입이 더욱 용이하기 때문입니다.

그런 의미에서 앞으로는 IoTInternet of Things 기술의 보급이 인공지능의 활용을 더욱 촉진할 것입니다. IoT를 이용해 공장의 제조 기기부터 우리 주변의 가전제품에 이르기까지 다양한 사물을 5G 회선 등을 통해 네트워크에 연결할 수 있습니다.

세탁소의 코인 세탁기, 거리의 자동판매기, 기차역의 화장실, 현장 근무자의 안전모, 공장의 생산 설비, 가정의 다양한 가전제품 등 수많은 기기가 네트워크에 연결되어서 데이터를 제공합니다. 인공지능은 이러한 데이터를 학습해서 발전을 거듭하며 전에 없던 새로운 가치와 비즈니스를 창출할 수 있습니다.

신비주의에 가려진 인공지능

사람들은 인공지능이 가져올 미래에 대해 막연한 불안감을 느낍니다. 또한, 인공지능이 인간을 능가하는 사례도 간혹 등장하면서 어떨 때는 신비감마저 불러일으킵니다. 이 절에서는 그 이유에 대해 먼저 생각해 보겠습니다

기존의 컴퓨터는 아무리 고성능이라고 해도 신비감이 들지는 않습니다. 인공지능과 기존 컴퓨터의 차이는 '사람과 동급 혹은 그 이상'의 '지능'을 갖고 있느냐는 것입니다.

'인공지능'의 정의에 대해 전 세계 연구자들은 다음과 같이 크게 두 가지로 구별합니다.

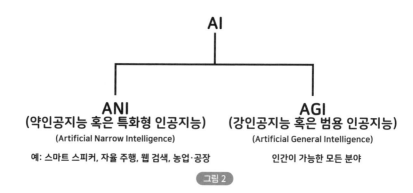

그림 2

이 두 가지 중에서 우리 주변에 있는 '모든 인공지능'은 좌측의 **ANI**Artificial Narrow Intelligence(**약인공지능 혹은 특화형 인공지능**)에 해당합니다. ANI는 특정한 한 가지 작업(태스크)에 특화된 인공지능입니다.

또 다른 하나의 정의는 **AGI**Artificial General Intelligence(**강인공지능 혹은 범용 인공지능**)라고 하는 것입니다. AGI는 사람과 같은 인공지능으로, '인간이 가능한 것이라면 무엇이든 할 수 있거나 인간 이상으로 고도화된 작업을 할 수 있는 범용 인공지능'을 가리킵니다. 이른바 SF 영화에 등장하는 인공지능입니다.

우선, 대전제로서 이해가 필요한 것은 오늘날 인공지능의 발전은 전부 ANI에 해당합니다. 비록 ANI라고는 해도 그 발전 속도는 놀라울 정도입니다. 때에 따라 AGI로 착각할 정도의 성능을 발휘하기 때문에 인간을 넘어서는 또 하나의 '지능' 역할을 하기도 합니다. 즉, 실제로는 정해진 작업만 수행하지만 인간을 대신하는 범용 인공지능이라는 착각에 빠질 수 있으며, 이런 이유로 인공지능에 대해 신비스러운 느낌마저 듭니다.

그러나 현실에서는 불행인지 다행인지 AGI, 즉 진짜 범용 인공지능은 이 세상에 존재하지 않습니다. 연구를 진행할수록 **AGI는 추상적인 개념이라 실현이 어렵다는 것이 많은 연구자의 공통된 견해**이며, 현실적으로 가능한지에 대한 논쟁이 현재도 답보 상태에 머물러 있습니다.

덧붙여서, **2045년 문제**라는 것이 있습니다. 미국의 인공지능 연구자인 **레이 커즈와일**Ray Kurzweil이 내세운 가설인데, '2045년에는 인공지능이 자기 진화(인공지능이 인공지능을 개발)를 할 수 있게 되어서 그 성능이 인간을 뛰어넘을 것이다. 인류의 진화는 인공지능에 달렸으며, 인간이 그 이상의 진화를 예측할 수 없어진다.'고 주장합니다.

2018년 11월에 출간된 《AI 마인드: 세계적인 인공지능 개발자들이 알려주는 진실Architects of Intelligence: The Truth About AI from the People Building It》(마틴 포드 지음, 김대영 외 4명 옮김, 터닝포인트, 2019)에서는 인공지능 연구 분야의 세계적 권위자 23명을 인터뷰했습니다. AGI의 실현 시기에 대해서 16명이 대답했으며, 그 답의 평균은 2099년이었습니다.

많은 연구자가 AGI의 실현에 대해 현시점에서는 부정적인 견해를 취하고 있지만, 그럼에도 불구하고 마이크로소프트는 2019년에 AGI의 실현에 10억 달러를 투자할 것이라고 발표했습니다.

- 인공지능이 적용된 서비스나 제품은 우리 주변에서 흔하게 볼 수 있으며, 그 범위는 계속해서 확대되고 있다.
- 인공지능은 비즈니스 분야에서 업무 효율성(performance)을 향상시킨다.
- 대량의 데이터가 수집 가능한 분야에서는 인공지능을 도입해서 서비스를 개선하고, 새로운 부가가치를 제공할 수 있다.
- 인공지능은 크게 ANI와 AGI로 구별할 수 있으며, 그중 ANI는 빠른 속도로 발전을 거듭하고 있다.
- ANI는 하나의 작업에 특화된 인공지능이다.
- AGI는 사람처럼 여러 가지 일을 할 수 있는 인공지능이지만 추상적인 개념에 머물러 있으며, 현재로서는 존재하지 않는다.

인공지능의 정체

2-1   무엇을 할 수 있어야 인공지능이라고 부를 수 있을까요

2-2   인공지능이 생각하기에 합리적인 것은 무엇일까요

2-3   인공지능은 어떻게 해서 최고의 한 수를 선택할까요

2-4   인공지능은 어떻게 해서 실패로부터 배우는 것일까요

2-5   인공지능에게는 왜 대량의 데이터가 필요할까요

무엇을 할 수 있어야 인공지능이라고 부를 수 있을까요

사람이 규정한 행동 범위 안에서 합리적으로 행동하면
인공지능이라고 부를 수 있습니다.

인공지능을 자세히 들여다보기 전에 먼저 무엇을 해낼 수 있어야 '인공지능'이라고 부를 수 있을지, 즉 **인공지능의 정의**에 대해 생각해 보겠습니다.

인공지능의 정의는 어디에 초점을 맞추느냐에 따라 해석이 다르기 때문에 누구에게나 공통으로 적용될 정의는 존재하지 않습니다. 심리학자, 사회학자, 철학자, 수학자 등 분야마다 각각 생각하는 정의가 다릅니다. 하지만 그렇게 해서는 논의가 진전되지 않으므로 공통의 밑바탕이 되는 기초를 정리해 보겠습니다.

인공지능의 정의는 크게 다음의 네 가지로 나눌 수 있습니다.

❶ 인간처럼 생각하는 시스템 (Systems that think like humans): 인지 모델 접근	❷ 인간처럼 행동하는 시스템 (Systems that act like humans): 튜링 테스트[1] 접근
• "컴퓨터가 생각할 수 있도록 하는, 진정한 의미에서 마음을 가진 기계를 만드는 흥미롭고 새로운 시도(The exciting new effort to make computers think ... machines with minds, in the full and literal sense)"(Haugeland, 1985) • "의사결정, 문제 해결, 학습 등 인간의 사고와 연관된 활동의 자동화(The automation of activities that we associate with human thinking, activities such as decision-making, problem solving, learning …)"(Bellman, 1978)	• "지능을 가진 인간이 해야 하는 일을 수행하는 기계를 만드는 기술(The art of creating machines that perform functions that require intelligence when performed by people)"(Kurzweil, 1990) • "현재로서는 인간이 더 잘하는 것을 컴퓨터가 할 수 있게 하는 연구(The study of how to make computers do things at which, at the moment, people are better)"(Rich and Knight, 1991)
❸ 합리적으로 생각하는 시스템 (Systems that think rationally): 사고의 법칙 접근	❹ 합리적으로 행동하는 시스템 (Systems that act rationally): 합리적 에이전트[2] 접근
• "계산 모형을 이용한 정신 능력 연구(The study of mental faculties through the use of computational models)"(Charniak and McDermott, 1985) • "인지, 추론, 행위를 가능하게 하는 계산에 대한 연구(The study of the computations that make it possible to perceive, reason, and act)"(Winston,1992)	• "지능을 계산 프로세스로서 설명 및 모방하는 것을 목적으로 하는 연구 분야(A field of study that seeks to explain and emulate intelligent behavior in terms of computational processes)"(Schalkoff, 1990) • "지능적 행동의 자동화에 관한 컴퓨터 과학의 한 분야(The branch of computer science that is concerned with the automation of intelligent behavior)" (Luger and Stubblefield, 1993)

그림 3

❶ 인간처럼 생각한다(그림 3의 좌측 상단)

❷ 인간처럼 행동한다(그림 3의 우측 상단)

---

1   컴퓨터가 지능을 가지고 있는지 여부를 판정하는 테스트(앨런 튜링, 1950)로, 인간인 질문자가 서면으로 질문을 제시하고 답변을 받는 일을 반복한 뒤에 답변이 사람에게서 온 것인지 컴퓨터에게서 온 것인지 구별할 수 없다면 컴퓨터는 테스트에 합격하게 됩니다.

2   자율적인 동작, 환경 변화 인식, 장기간 지속, 변화에 대한 대응, 타인의 목표 달성 등을 위한 작업을 수행하는 행동 주체 역할을 하는 컴퓨터 프로그램입니다. 합리적 에이전트는 어떤 행동이 최상의 결과를 가져올지를 고려해서 매 순간 행동을 선택하는 에이전트를 말합니다.

❸ 합리적으로 생각한다(그림 3의 좌측 하단)

❹ 합리적으로 행동한다(그림 3의 우측 하단)

인공지능을 '사고성' 혹은 '행동성'을 기준으로 분류하는 경우와 '인간성' 혹은 '합리성'으로 분류하는 경우로 나뉩니다. 이 네 가지 분류는 모두 인공지능의 정의라고 하기에 부족함이 없습니다. 그럼 이 중에 어느 쪽이 현재 인공지능의 모습에 가장 가깝다고 할 수 있을까요?

결론부터 말하자면 많은 연구자들은 네 번째의 **합리적으로 행동하는 시스템**이 현재의 인공지능을 가장 잘 표현하고 있다고 합니다.

2-2절 이후에서는 이 '합리적으로 행동하는 시스템'에서 말하는 '합리적'이란 무엇이며, '행동'은 무엇인지에 대해서 각각 설명합니다.

인공지능의 행동범위는 이렇게 해서 결정된다

오늘날의 인공지능은 '합리적으로 행동하는 시스템'이라고 정의된다는 것을 말씀드렸습니다. 이 장에서는 먼저 '행동'이 무엇인지 살펴보겠습니다.

컨트롤러를 잡은 인공지능

인공지능을 이해하는 데 있어서 기본이 되는 중요한 사실이 하나 있습니다. 너무나 당연한 것일수도 있지만, 그것은 바로 **인공지능이 할 수 있는 행동의 패턴은 미리 정해져 있다**는 점입니다.

예를 들어, 게임을 하는 인공지능을 생각해 보겠습니다. 인공지능이 게임을 조작하는 컨트롤러를 잡고 있다고 가정해 보겠습니다. 컨트롤러는 여러 개의 조작 버튼으로 만들어졌고, 이 버튼 하나하나가 인공지능에게 있어서는 행동 범위가 됩니다. 중요한 것은 여기에서 취할 수 있는 '행동 선택지의 수가 유한하다'는 점입니다.

인간이 사전에 지정한 행동 선택지

그림 4

행동 선택지의 예를 들면 다음과 같습니다.

- 가위바위보 인공지능

  행동 선택지의 수: 3개(가위, 바위, 보)

- 스팸 메일 탐지 인공지능

  행동 선택지의 수: 2개(스팸 메일, 일반 메일)

- 바둑 인공지능

  행동 선택지의 수: 722개(바둑판의 세로 19칸 × 가로 19칸 × 바둑돌 두 가지)

여기에서 공통점은 '인공지능이 선택할 수 있는 행동의 수는 모두 사전에 인공지능 엔지니어(설계자)에 의해 규정된다'는 것입니다. 바꾸어 말하면 인공지능을 설계할 때 출력의 후보는 사전에 사람이 결정해야 합니다.

스마트폰을 고양이로 착각한 인공지능

인공지능이 선택할 수 있는 행동의 수가 유한하다는 것은 '**예상외의 답(출력)을 해버릴**' 가능성이 존재한다는 말입니다.

이미지 인식 인공지능을 예로 들어보겠습니다. 여기서 이미지 인식이라는 것은 이미지에 무엇이 표시되어 있는지 그 종류를 맞히는 것입니다. 예를 들어, 개를 찍은 사진을 보여 주면(입력하면) '개'라고 출력하는 것입니다. 사진에 표시된 것이 무엇인지 알아낼 방법이 없기 때문에 가능성은 유한이 아니라 무한입니다.

하지만 인공지능에게 세상 모든 사물을 인지(커버)시키는 것은 현실적으로 불가능에 가까우므로, 지금까지 설명한 것처럼 인공지능 엔지니어는 사전에 예상 가능한 대답(출력)을 준비합니다. 너무나 당연한 것이지만 사진에 무엇이 찍혀 있는가에 대한 대답을 1000가지 종류로 준비한 경우에는 인공지능은 그 1000가지 종류의 범위 내에서만 행동을 선택합니다.

다음은 10가지 종류의 대상(비행기, 자동차, 새, 고양이, 사슴, 개, 개구리, 말, 배, 트럭의 데이터)을 정확하게 구분할 수 있도록 인공지능을 설계하고 학습시킨 것입니다. 이 인공지능에 '스마트폰'의 이미지를 입력해 보았더니, 인공지능의 판단은 '고양이'였습니다. 인공지능은 사전에 자신이 알고 있는 것 중에서만 행동을 선택할 수 있기 때문입니다.

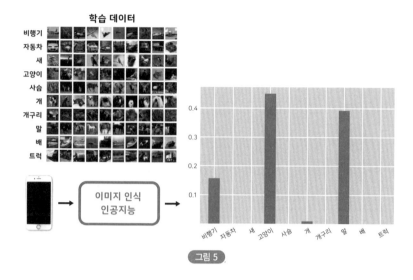

그림 5

2-2

인공지능이 생각하기에 합리적인 것은 무엇일까요

인공지능에게는 '바둑판의 수많은 선택지에서 최고의 한 수를 선택하는 것'이 합리적인 것입니다.

인공지능이 생각하기에 합리적인 것이란

2-1절에서 인공지능은 **합리적으로 행동하는 시스템**이라고 정의내릴 수 있으며, '행동 범위는 사람이 지정한다'는 것에 대해 알게 되었습니다. 그러면 이어서 '합리적인 행동'에서 '합리적'이란 무슨 뜻인지 살펴보겠습니다.

통상 '합리적'이라고 하면 이론이나 이치에 합당한 것을 말합니다. 그렇다면 '합리적으로 행동하는 인공지능'이란 말을 들었을 때 어떤 생각이 드시는가요? 인공지능이 **합리적**이란 것은 다음을 의미합니다.

1. 합리적이란 것은 '어떤 목표'가 '최대한 달성되도록 행동'하는 것이다.
2. 합리성은 수행한 행동만을 주목한다. 그 사고 과정은 묻지 않는다.
3. '어떤 목적'의 달성도(達成度)는 '효용'의 크기로 알 수 있다.

1번과 2번 항목은 상세히 설명하지 않아도 대략 짐작할 수 있습니다. 3번 항목의 '효용'은 평상시 잘 쓰지 않는 말입니다. 하지만 인공지능에서는 중요한 개념이기 때문에 자세히 살펴보겠습니다.

효용이란

효용이란, '그 선택지를 택한 것이 목표를 달성하기 위해 얼마나 효과적인가'라고 하는 것을 말합니다. 따라서 '합리적으로 행동한다'는 것은 '효용이 최대화되는 선택지를 고른다'는 것입니다.

그림 6과 같은 간단한 예를 생각해 보겠습니다.

**각 행동에
대한 효용**

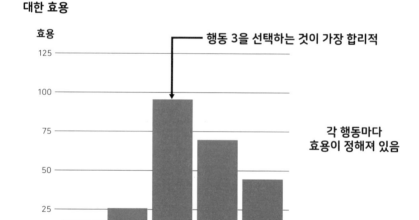

그림 6

인공지능에게는 현재 5개의 선택지가 있습니다. 그리고 각각의 행동 중 하나를 선택했을 때 어느 정도의 효용(목표 달성을 위한 효과의 정도)이 있는지 나타내고 있습니다. 가로축은 행동의 종류로서 다섯 가지가 있습니다. 세로축은 효용 정도로서 숫자가 클수록 효용이 높다는 의미입니다. 이 그래프의 경우, 행동 3을 선택하는 것이 가장 합리적임을 알 수 있습니다.

이와 같이 효용에 대한 사고방식은 매우 간단합니다. 예를 들어 바둑 인공지능이라면 바둑판 전체의 돌을 놓을 수 있는 후보에 대해서 각각의 효용을 계산하고, 최종적으로 효용이 가장 높은 곳을 선택하는 것이 합리적입니다.

효용의 정의를 알았으니, 이제 그 효용을 인공지능의 내부에서 어떻게 계산하는지 알아보겠습니다.

이것만은 알아 두세요!

- 합리적이란 것은 '어떤 목표'가 '최대한 달성되도록 행동하는 것'이다.
- '어떤 목표'의 달성도는 효용의 크기다.
- 효용이 최대가 되는 선택을 하는 것이 합리적이다.
- 인공지능도 내부적으로 각각의 행동에 대해 효용을 출력(계산)하는 함수를 가지고 있다.

인공지능은 어떻게 해서 최고의 한 수를 선택할까요

사람이 넘어지면서 걸음마를 배우는 것처럼, 인공지능도 실수를 해가며 판단 기준을 변화시켜서 최고의 한 수를 선택합니다.

인공지능은 입력된 정보에서 '각각의 행동에 대한 효용'을 계산하며, '그중에서 효용이 가장 높은 행동을 선택한다'는 점에서 '합리적으로 행동하는 시스템'이라고 설명하였습니다. 이 입력을 출력으로 변환하기 위해 인공지능 내부에서 수행하는 연산을 **효용 함수**utility function라고 합니다.

효용 함수는 인간에 비유하면 **가치관**에 해당합니다. 인간도 현재 상황에서 각각의 선택지가 얼마나 좋은 결과를 가져올지 비교하며, 가치관에 따라 행동을 결정합니다. 효용 함수가 인간의 가치관과 일치한다면, 인공지능은 인간과 똑같은 행동을 선택할 수 있을 것입니다.

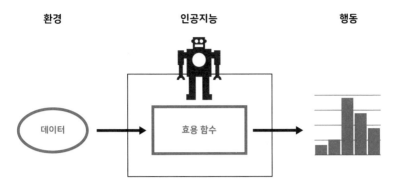

환경	인공지능	행동

데이터 → 효용 함수 →

입력 정보로부터 어떤 행동을 취해야 할지 변환하는 효용 함수(내부적 가치관)

그림 7

걸음마를 배우는 아기 인공지능

'효용 함수'에 대해 조금 더 살펴보겠습니다. 아기를 예로 들면 이해하기 쉽습니다. 아기는 태어나자마자 바로 걷지는 못합니다. 이는 시각과 다리, 세반고리관의 입력에 대응해서 관절을 연속적으로 움직여가며 근육에 힘을 주는 행동을 할 수 없다는 뜻이기도 합니다. 인공지능에 빗대어 표현하면 효용 함수가 구축되어 있지 않기 때문이라고 할 수 있습니다(근력에 관한 논의는 생략합니다).

하지만 조금씩 움직여(학습해) 가는 것에 따라 어떤 행동을 취하면 좋을지 점점 명확해집니다. 바꿔 말하면 외부 입력으로부터 적절한 행동의 효용을 계산할 수 있는 내부적인 가치관(효용 함수)이 구축되었다고 할 수 있습니다.

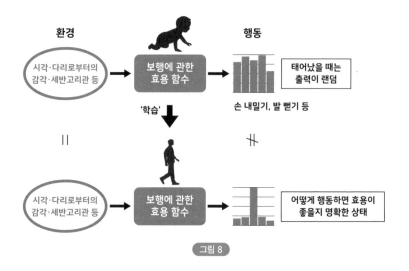

환경 / 행동

시각·다리로부터의
감각·세반고리관 등 → 보행에 관한
효용 함수 → 태어났을 때는
출력이 랜덤

손 내밀기, 발 뻗기 등

'학습'

시각·다리로부터의
감각·세반고리관 등 → 보행에 관한
효용 함수 → 어떻게 행동하면 효용이
좋을지 명확한 상태

그림 8

이렇듯이 '인공지능이 학습한다'는 것은 **어떤 특정 작업의 '입력에 대해 적절한 출력을 하는 가치 판단'을 손에 넣으려는 것**입니다. 인공지능 중에서도 **머신러닝(기계학습)**이라는 분야는 '준비된 데이터를 학습하면서 최적의 효용 함수를 얻는 것'입니다. 구체적인 예로 이미지 인식 인공지능을 알아 보겠습니다.

이미지 인식 인공지능은 '이미지(사진)에 찍힌 것이 무엇인가'를 효용 함수가 계산합니다. 예를 들어, 사과가 찍혀 있으면 사과의 효용 함수 출력 결과가 높은 숫자가 됩니다. 만약 바나나가 찍혀 있지 않으면, 바나나의 효용 함수 출력 결과는 낮은 숫자가 됩니다.

미학습 상태라면 '이미지에 포함되어 있는 것이 무엇인가'를 맞추는 행동(의사결정)을 할 때, 사과와 바나나의 효용 함수는 무작위 숫자(무작위 값)를 반환합니다. 자세한 내용은 뒤에서 설명하겠지만 이 효용 함수를 의미 있는 것으로, 그리고 정확한 것으로 만들어가는 것이 인공지능의 학습입니다.

인공지능의 학습은 사람과 마찬가지로 실수로부터 서서히 학습하고, 어떤 일정한 학습을 한 뒤에는 높은 정확도로 효용을 계산할 수 있게 됩니다. 그림 9는 학습을 반복하는 것으로 정확도가 향상되는 것을 보여 줍니다.

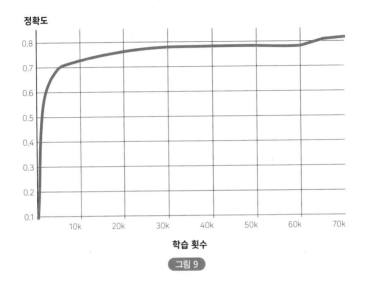

그림 9

2-4

인공지능은 어떻게 해서 실패로부터 배우는 것일까요

성공과 실패에 득점을 부여하여 가점을 늘리고, 감점을 줄이도록 해나가면서 배웁니다. 즉, 사람과 같습니다.

계속해서 학습 과정을 살펴보도록 하겠습니다. 아기를 예로 들었을 때, 어떻게 걷거나 말을 할 수 있을까요? 그 이유 중 하나는 부모가 아이의 걷는 모습을 보고, 그것에 반응하거나 말을 걸기 때문입니다.

다르게 표현하면 **학습을 위한 시그널(신호)**이라고 볼 수 있습니다. 인공지능도 마찬가지로 '학습을 위한 시그널'이 필요합니다.

학습 시그널

주의해야 할 것은 **학습 시그널은 컴퓨터가 이해할 수 있는 간단한 숫자로 주어져야 한다**는 것입니다. 예를 들어 이미지 인식에서는 정답이면 1, 오답이면 -1을 전달하면 됩니다. 바둑 인공지능 같은 경우는 이기면 1의 보상, 지면 -1의 벌칙처럼 숫자로 전달할 수 있을 것입니다.

하지만 추상적인 개념의 경우는 인공지능에게 시그널을 그대로 전달하는 것이 불가능합니다. '민주적'인 정책을 만드는 인공지능을 구현하고 싶다면, 그 인공지능이 만든 정책에 대해서 좋은 점 혹은 가치를 숫자로 전달해야 합니다. 목표하는 것에 대해 숫자로 좋고 나쁨을 명확하게 판단할 수 없다면, 인공지능은 학습 불가능합니다.

칭찬하는 부모, 꾸중하는 부모

앞서 설명한 것과 같이 인공지능은 자신이 선택한 행동이 좋은 것인지, 아닌지에 대해 숫자의 형태로 피드백을 받습니다. 인간을 예로 들면 그 시그널이 플러스이면 칭찬을 받은 것이고, 마이너스이면 꾸중을 들은 것과 마찬가지입니다. 인공지능은 이 시그널에 따라 자신의 행동을 바꾸어 나가도록 프로그래밍되어 있습니다. 칭찬을 받은 경우는 그 행동을 더 많이 하도록, 꾸중을 들은 경우는 그 행동을 억제하도록 효용 함수를 수정합니다.

이러한 과정을 조금씩 반복 시행함으로써 시간을 두고 효용 함수를 조절해 갑니다. 이것이 인공지능의 학습 과정입니다. 여기서 중요한 것은 이 학습 과정에서 인공지능을 개발하는 사람의 의도가 담긴 가치관을 효용 함수에 반영시키고 있다는 점입니다.

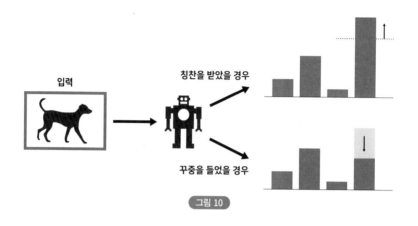

그림 10

이런 인공지능의 행동에 대해 얼마나 효용이 높은지, 인공지능이 무엇을 해야 하는지를 피드백하는 '부모'에 해당하는 부분을 인공지능 용어로는 **목적 함수**objective function라고 합니다.

이 '목적 함수'는 사람이 맨 처음에 설계하는 부분입니다. 주로 간단한 프로그램으로 기술되는데, 이미지 인식의 경우에서는 '인공지능의 정답률'을 계산해서 출력하는 프로그램에 해당합니다.

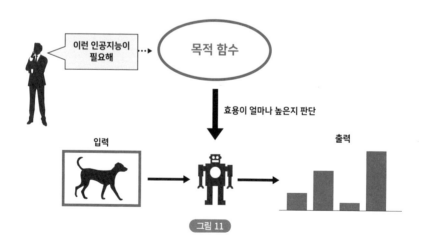

그림 11

26 **CHAPTER 2** 인공지능의 정체

인공지능과 인간의 학습 방법의 공통점

인공지능은 사람에 의해 미리 만들어진 '목적 함수'가 전달하는 피드백에 따라 학습합니다. 사실은 인간도 비슷한 메커니즘을 선천적으로 갖추고 있습니다. 생존 본능과 관련된 것으로, 진화의 과정에서 스스로 얻어 낸 자신만의 피드백입니다.

예를 들어 아기가 쓴 것을 입에 넣으면 뇌 속에서 불쾌감을 전달하는 전달 물질이 분비됩니다. 맛없다고 생각한 아기는 그 음식을 먹는 행동을 멈추도록 학습합니다. 또한, 앞에서 인공지능에 피드백을 전달할 때 '숫자'를 통해 그 성과를 정량적으로 평가할 필요가 있다고 언급하였습니다.

이에 반해 인간의 경우, 신경과학계에서는 이 피드백의 역할을 하는 것이 뇌내 분비물질인 도파민 등의 쾌락 물질 또는 어떤 다른 호르몬의 분비량이나 강도일 것이라고 주장합니다. 이런 점에 있어서는 인공지능과 인간의 학습이 비슷하다고도 할 수 있습니다.

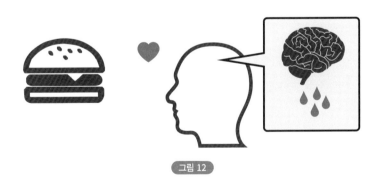

그림 12

인공지능과 인간의 학습 방법의 차이점

사람은 방금 언급했던 진화 과정에서 얻은 피드백을 통한 학습보다 더 고차원적인 학습을 해낼 수 있습니다. 왜냐하면 **사람은 인공지능과 달리 스스로 자신의 목적 함수를 설정**할 수 있기 때문입니다.

예를 들어, 대학 입시에 비유하면 '○○ 대학교에 가고 싶다'고 목적 함수를 설정하는 것은 자기 자신입니다. 그리고 '그 목표를 위해 어떻게 해야할까'라는 행동을 선택하는 것이 내부적 가치관인 '효용 함수'입니다.

그 효용 함수는 '○○ 대학교에 가고 싶다'고 처음 생각했을 때는 무엇을해야 할지 정해져 있지 않았을 것입니다. 하지만 모의고사 점수로 피드백을 받고 나서는 '공부 시간을 더 늘려야겠다'는 행동을 택하는 함수를 얻을 수 있습니다. 이 학습 방법은 인공지능의 학습 구조와 동일합니다. 하지만 여기서부터는 인공지능과 인간의 차이가 발생하는 부분입니다.

사람은 '○○ 대학교에 가고 싶다'는 당초의 목표를 바꿀 수 있습니다. 예를 들어, 이제 대학교에 가지 않고 '예술가가 되고 싶다'고 마음을 바꿀수 있을 것입니다. 이처럼 사람은 내부적으로 '목적 함수가 변화'하는 경우가 있습니다. 하지만 인공지능은 일단 목적 함수가 사람에 의해 주어지면 이후로는 목적 함수를 스스로 바꿀 수 없습니다. 이 차이는 왜 생기는 걸까요?

그 이유는 사람의 목적 함수가 여러 층으로 되어 있기 때문이라고 할 수있습니다. 예를 들어, 목적 함수의 최상위 층에는 뇌에 쾌락 물질을 최대한으로 분비하려는 원시적인 목적 함수가 있다고 가정하겠습니다. 그러면사람은 그것을 달성하기 위해 하위에 또 다른 목적 함수를 어떻게 설정해야 할지 모색합니다. 일단 돈을 많이 버는 것을 목적 함수로 설정했다고 하겠습니다.

그렇게 해서 돈을 버는 목적 함수로부터 효용 함수를 학습하고, 실제로 돈을 많이 번 다음에는 실은 '최상위 목적 함수를 충족시키기 위해서는 돈을 버는 목적 함수가 아닌 다른 목적 함수의 설정이 필요할지도 모른다' 고 메타적으로 생각meta-cognition하는 경우도 있습니다. 예를 들어 시간이 경과하고 인생의 경험이 쌓이고 나서는 별도의 목적 함수로 '가족'을 설정 하고, 가족과 보내는 시간을 많이 가지려고 하는 것입니다.

이렇듯 **사람은 스스로 목적 함수를 여러 층으로 설정할 수 있다**라는 점에서 인공지능과 큰 차이가 있습니다. 어떻게 보면 사람은 애초에 원시적인 목 적을 충족시키기 위해 최적의 목적 함수를 찾는 일종의 게임을 하고 있는 것일지도 모릅니다.

이것만은 알아 두세요!

- 인공지능이 목적 함수를 부여받고 효용 함수를 학습하는 단계는 인간에게 도 마찬가지로 적용된다.
- 인간의 목적 함수는 진화에서 유래하며, 타고난 부분과 살아가면서 변화하 는 부분이 있다.
- 인공지능이 효용 함수를 통해 효용의 높고 낮음을 판단한다면, 인간은 뇌 에서 분비되는 도파민 등의 양에 의해 규정한다는 의견도 있다.

인공지능에게는 왜 대량의 데이터가 필요할까요

인공지능에게 뭔가를 가르치려면 아기에게 가르치는 것처럼 해야 하기 때문입니다.

'인공지능을 학습시키기 위해서는 데이터가 필요하다'고 합니다. 왜 그런 것일까요. 이것은 인공지능의 구조를 이해하는 데 매우 중요합니다.

머리가 나쁜 인공지능

인공지능과 인간의 큰 차이점으로 **학습의 효율성**을 들 수 있습니다.

예를 들어 사람은 '이건 새라고 하는 거야'라고 한 번만 알려 주면, 다른 비슷한 것도 '새'라고 판단할 수 있습니다. 반면에 인공지능은 한 번 가르쳐준 것만으로는 다른 비슷한 것도 '새'라고 판단할 수 있는 범용적인 학습이 불가능합니다.

그림 13

인간의 학습이 효율적인 이유

사람은 어떻게 해서 효율적으로 학습할 수 있을까요. 몇 가지 이유를 생각해 보겠습니다.

첫 번째로 사람은 태어난 순간부터 눈, 코, 귀 등의 모든 감각 기관으로부터 대량의 정보가 흘러들어옵니다. 이를 인공지능에 비유하면 '학습'을 항상 지속하고 있는 상태입니다. 사람은 이제 막 개발된 인공지능과는 달리 이미 오래 전 태어났을 때부터 학습을 하고 있기 때문에 훨씬 효율적이라고 할 수 있습니다.

두 번째로 출력하고 싶은 카테고리(클래스)에 대해서 사람은 이미 '그 의미'를 알고 있다는 점입니다. 앞에서 본 '새'라고 하는 카테고리를 학습할 때 '생물의 종류를 가리키는 것으로서 어느 방향을 향해 있는지, 날고 있는지, 먹이를 먹고 있는지 등에 의해 좌우되지 않는다'는 암묵적인 규칙을 과거의 경험을 통해 이해하고 있습니다.

인공지능은 그러한 경험이 없고 '새'라는 것을 암호 같은 기호로 변환해서 저장하고 있는 것이지, 어떤 요소에 중점을 두어야 할지는 한 장의 이미지로 판단(학습)할 수 없습니다. 그렇기 때문에 인공지능은 대량의 데이터를 통해 그러한 개념(특징)을 학습할 필요가 있습니다.

인공지능에게 정답을 알려 주는 작업인 '애노테이션'이란

여기서는 인공지능의 학습용 데이터 준비 과정에서 떼려야 뗄 수 없는 관계인 **애노테이션**annotation에 대해서 설명하겠습니다. 애노테이션이란, 일반적으로 주석을 다는 것을 의미하며, 데이터 레이블링data labeling이라고도 합니다.

인공지능 분야에서 애노테이션은 인공지능이 어떤 작업을 통해 답을 도출해 내야 하는 경우, 그 대답(정답)에 해당하는 것입니다.

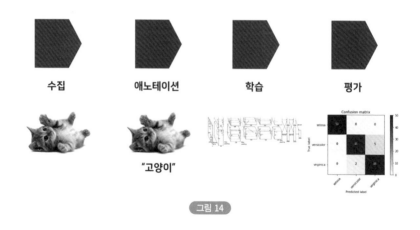

그림 14

인공지능은 자신이 한 행동에 대해 잘했는지 잘못했는지 피드백을 받아서 학습합니다. 이 피드백을 주는 역할(목적 함수)은 본래 사람이 할 수도 있습니다.

인공지능이 출력한 수만 장의 사진에 대해 '인공지능이 고양이로 판정한 사진에 실제 고양이가 찍혀 있는지 아닌지' 그 정답·오답 여부를 사람이 하나씩 일일이 확인하고 인공지능에게 피드백하는 것이 불가능한 일은 아닙니다.

사람도 한 번 들은 것에 대해 똑같은 실수를 반복하기도 하는데, 인공지능의 학습 알고리즘은 사람보다 훨씬 비효율적이어서 방대한 학습이 필요합니다. 한 번 가르친 이미지에 대해서 정답을 낸 후에도 학습을 진행하면서 또 다른 대답을 하는 경우도 있습니다.

사람끼리는 평상시 상호 작용(교환)을 통한 부모의 칭찬이나 채점된 시험 점수 등이 피드백이 되어서 학습이 이루어집니다. 사람에게 개의 이미지를 보여 주고 '이건 개라는 거야'라고 알려 주면 다른 개의 이미지를 보더라도 '이것은 개'라고 판단할 수 있습니다.

하지만 인공지능이 이 정도 수준이 되려면 '이건 개라는 거야'라고 한 번 알려 주는 것으로 부족하고 유사한 이미지를 대량으로 보여 주고 특징을 학습시킬 필요가 있습니다. 따라서 학습을 한 번이 아니라 수없이 반복해야 하기 때문에 정답·오답의 전달을 사람이 직접 하는 것은 비현실적입니다.

그 해결책으로 인공지능에게 학습을 시킬 때 사전에 학습 데이터에 정답을 기록해 둡니다. 이것을 **애노테이션**이라고 합니다. 고양이가 찍힌 사진에 '고양이'라고 하는 문자열도 같이 기록하는 것입니다. 인공지능은 학습 과정에서 정답 데이터를 자동으로 참조하고 정답이면 1, 오답이면 -1과 같이 돌려주는 프로그램에 의해 피드백을 받습니다.

애노테이션이란 데이터를 인공지능이 이해할 수 있는 형태로 만드는 전처리 과정입니다. 이 과정이 완료되어야 학습을 자동화시킬 수 있기 때문에 인공지능의 학습에서 필수 불가결하다고 할 수 있습니다. 이러한 학습의 자동화는 2-4절에서 설명한 목적 함수에 해당합니다.

인공지능 화가와 뮤지션이 탄생할 것인가

인공지능에 의한 작곡은 최신 기술로도 아직 쉽지 않은 영역입니다. 인공지능이 수많은 과거의 곡을 학습하고 작곡하는 것까지는 실현되었지만, 사람이 들어 보면 어딘가 부자연스러운 느낌이 듭니다. 음악의 완성도처럼 예술성을 수반하는 분야는 역시 사람이 직접 평가할 필요가 있는 것 같습니다.

현재 인공지능의 구조에서는 학습 도중에 사람이 듣고 피드백을 직접 하는 것, 즉 인공지능의 학습 루프에 사람을 개입시키는 것은 학습의 효율 관점에서는 아직 실용적이지 못합니다. 그 때문에 예술 같은 주관성의 개입이 필요한 학습은 좀처럼 잘 해낼 수 없습니다. 예술 자체가 정량화할 수 없는 가치를 지녔기 때문입니다.

그러나 앞으로 인공지능의 학습 효율성이 발전하면 학습 도중에 사람이 개입하는 것도 꿈은 아닐 것입니다. 학습 도중에 인공지능이 생성한 곡에 대해서 이 부분은 좀 더 이렇게 하는 편이 좋겠다는 정보를 인간이 전달하는 것으로, 애노테이션으로는 적용하기 어려운 주관적인 표현도 손에 넣을 수 있을 것입니다. 최근 인공지능 기술의 진보를 감안하면 가능성은 충분합니다.

3

인공지능은 어떻게
진화해 왔을까요

3-1   인공지능이 왜 지금 주목받는 것일까요

3-2   인공지능 연구가 급속히 확대되고 있다고 할 수 있는 근거는
      무엇일까요

3-3   예전의 인공지능은 어떤 것이었을까요

3-4   예전과 오늘날에 인공지능의 차이점은 무엇일까요

3-5   머신러닝이란 무엇인가요

3-1

인공지능이 왜 지금 주목받는 것일까요

현재의 인공지능 붐은 사실상 세 번째로서 50년 이상 연구해 온
성과가 드디어 결실을 맺고 있습니다.

미래의 인공지능을 예측하기에 앞서 지금까지의 인공지능 붐과 기술 진화
의 역사를 간단하게 되짚어 보겠습니다.

제1차 인공지능 붐! 그리고 겨울이 오다

인공지능의 탄생은 1956년으로 거슬러 올라갑니다. 미국의 다트머스대학
교에서 인공지능이라고 하는 개념이 발표되었습니다. 하지만 당시의 컴퓨
터 성능은 지금에 비하면 보잘 것 없었으며, 인공지능 이론도 간단한 게임
을 풀어 내는 수준밖에 되지 않았기 때문에 실용성과는 거리가 있어서 열
기는 금세 식어버렸습니다.

제2차 인공지능 붐! 그리고 또 다시 반복되는 겨울

컴퓨터 성능이 발전한 1980년대에는 인간이 행하는 간단한 규칙을 컴퓨터에게 가르치는 '규칙 기반(전문가) 시스템rule based system'이 탄생했습니다. '만약 ~라면, 그것은 ~이다'라고 하는 전문가의 지식을 프로그래밍하면 누구든지 같은 일을 할 수 있게 된다는 것입니다. 이는 비즈니스 분야를 중심으로 적용이 진행되었습니다.

그렇지만 전문가의 지식을 규칙으로 정하기 어려운 경우나 규칙끼리 모순되는 등의 문제가 나타나 업무 적용에 한계가 따른다는 것을 알게 되었습니다. '만능 인공지능이 출현하는 것은 아닐까?'라던 기대는 시들어 갔으며, 규칙 기반 시스템의 적용은 계속 진행되었지만 인공지능 붐은 사라졌습니다.

제3차 인공지능 붐! 그리고 겨울이 끝나다

그리고 2013년, 기나긴 겨울이 지나고 현재의 제3차 인공지능 붐이 찾아왔습니다. 그 원인은 지금까지 설명해 드린 것처럼 대량의 데이터를 학습하여 인간의 말을 이해하고, 이미지를 구분할 수 있게 하는 '머신러닝'이 실용화되었기 때문입니다. 그 가운데 가장 큰 역할을 한 기술이 바로 '딥러닝'입니다.

이 세 차례의 붐을 돌이켜보면 인공지능의 역사는 짧지만, 개념적인 면에서는 50년이 넘는 시간 동안 연구가 지속되었다고 할 수 있습니다.

인공지능 연구가 급속히 확대되고
있다고 할 수 있는 근거는 무엇일까요

인공지능에 대한 논문의 수는 2016년과 비교해서 두 배가량
증가했습니다. 그만큼 새로운 지식이 생겨나고 있습니다.

그렇다면 제3차 인공지능 붐의 열기가 어느 정도인지 논문의 수를 통해
확인해 보겠습니다. 그림 15는 과학이나 통계 등, 다양한 논문이 공개되어
있는 웹사이트 arXiv(아카이브)에서 다운로드된 인공지능 분야의 논문 수
를 나타낸 것입니다. 약 2008년부터 빠른 속도로 증가한 것을 알 수 있습
니다.

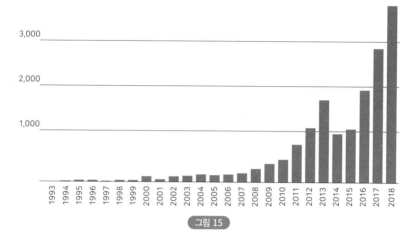

arXiv에서 다운로드된 논문 수

인공지능(artificial intelligence) 섹션에서 검색 가능한 전체 논문 대상으로 조사

그림 15

다양한 기법의 상승과 하락

인공지능의 기반이 되는 기술은 지금까지 다양한 기술들이 서로 우위를 다투며 발전해 왔습니다. 그중에서도 이제는 인공지능의 대명사라고 할 수 있는 딥러닝이 새로운 기법으로 여겨지지만, 이미 1990년에도 **뉴럴 네트워크**artificial neural network**(인공 신경망)**(여기서는 딥러닝과 거의 같은 의미로 취급)와 함께 연구되고 있었습니다.

다음의 그림 16을 통해 연도별로 어떤 기술의 연구 논문이 많이 발표되었는지 알 수 있습니다.

다른 모든 머신러닝을 능가하고 있는 뉴럴 네트워크

각 기법에 대한 논문의 비율

■ 뉴럴 네트워크(Neural Network) ■ 베이지안 네트워크(Bayesian Network) ■ 마르코프 모델(Markov Model)
■ 진화적 알고리즘(Evolutionary Algorithm) ■ 서포트 벡터 머신(Support Vector Machine, SVM)

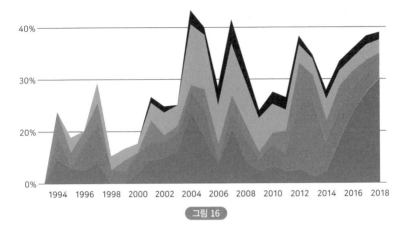

그림 16

뉴럴 네트워크 **(Neural Network)**	뇌 기능에서 볼 수 있는 몇 가지 특성과 유사한 수학적 모델
베이지안 네트워크 **(Bayesian Network)**	다양한 현상을 확률을 이용해 수학적으로 기술하고, (인과 관계를) 시각적으로 표현하는 방법
마르코프 모델 **(Markov Model)**	여러 개의 상태가 시계열에 걸쳐 전이하는 현상을 수학적으로 기술한 모델
진화적 알고리즘 **(Evolutionary Algorithm)**	'진화'라고 하는 생물학적 현상에 힌트를 얻어 고안된 문제 해결 기법으로, 최적화 계산 등에 이용 가능
서포트 벡터 머신 **(Support Vector Machine, SVM)**	이항 분류(2개의 그룹으로 분류)에 적합한 고전적 머신러닝 기법

약 2000년까지는 모든 기술 간의 도토리 키재기였습니다. 이후 2007년까지 뉴럴 네트워크와 **마르코프 모델**Markov Model이 인기를 끌었으며, 2013년에는 **베이지안 네트워크**bayesian networks 관련 논문이 일시적으로 증가하였고, 2015년 이후에는 뉴럴 네트워크가 가장 큰 비중을 차지하는 것을 알

수 있습니다.[3]

인공지능은 지금까지 다양한 기술이 유행을 반복하며 발전해 왔음을 알 수 있습니다. 인공지능을 이해하려면 어떻게 구성되어 있는가(How)보다는 어떻게 행동하는가(What)에 주목해야 한다고 할 수 있습니다. 10년 후의 인공지능은 지금의 인공지능과 전혀 다른 구조를 하고 있을 것이 분명하기 때문입니다.

이 책의 '들어가며'에서 소개한 개그맨의 상황극을 생각하시면 쉽게 이해하실 수 있을 것입니다. 지금의 인공지능 붐, 특히 딥러닝 기술의 발전은 인공지능의 가능성을 한 발 앞으로 전진시켰습니다. 하지만 더 머나먼 미래에서 본다면 인공지능 발전 속도를 지연시키고 있는 것일지도 모릅니다.

---

[3] 마르코프 모델은 확률론을 이용한 것, 베이지안 네트워크는 인과 관계를 확률로 기술하는 것, 뉴럴 네트워크는 뇌기능의 특성을 모방한 것

3-3

예전의 인공지능은 어떤 것이었을까요

'만약 ○○라면 ××하라'와 같이 규칙을 정해서 만들어졌습니다.
분야에 따라서는 지금도 활발하게 사용되고 있습니다.

그게 정말 인공지능?

'인공지능'이라고 이름 붙인 시스템 중에는 '그게 정말 인공지능이야?'라는
생각이 들게 하는 것도 있습니다.

지금까지 설명한 것처럼 데이터를 사용해서 학습하는 것을 **머신러닝 인공
지능**이라고 부릅니다. 여기에서는 머신러닝을 설명하기 전에 먼저 '머신러
닝이 아닌 인공지능'에 대해서 알아보겠습니다.

흔히 '인공지능=머신러닝'이라고 생각되지만, 머신러닝이 아닌 인공지능
도 역사적으로는 '정통 인공지능'으로 간주하는 경향이 있습니다. 그런 인
공지능을 일반적으로 **규칙 기반 시스템(전문가 시스템)**이라고 합니다. 이들은
인간의 지식을 '기계가 알 수 있는 표현'으로 바꾸어서 컴퓨터에 적용한 것

이라고 정의할 수 있습니다. 여기서 말하는 '표현'이란 사전에 인간이 '만약 ○○라면 ××하라(If ○○ then ××)'라고 하는 규칙이나 지식을 대량으로 프로그래밍해 놓은 것입니다.

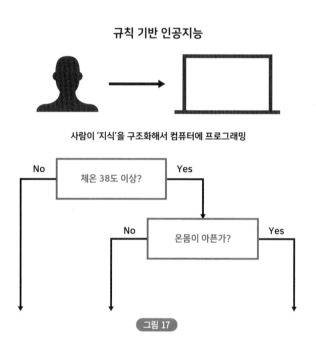

규칙 기반 인공지능

사람이 '지식'을 구조화해서 컴퓨터에 프로그래밍

그림 17

컴퓨터는 이 규칙을 통해 추론할 수 있습니다. 예를 들어, 몸이 아픈 사람이 '열이 38도 이상이다', '온몸이 아프다', '한겨울처럼 춥다'와 같은 증상을 입력하면 '독감'이라고 진단 내리는 시스템을 말합니다(그림 17 참고).

이런 시스템은 지금도 고객 지원을 위한 챗봇이나 비행기의 자동 조종 등에 사용되고 있습니다. 챗봇은 '○○라고 하는 단어를 포함하면 ××라고 응답한다'와 같은 사전에 정의된 대량의 패턴에 기반해서 동작합니다.

규칙 기반 인공지능의 장점과 단점

그렇다면 규칙 기반 인공지능의 단점은 무엇일까요? 챗봇 프로그램을 사용해 본 적이 있다면 아시겠지만, 조금이라도 예상치 못한 질문을 하면 '죄송합니다. 잘 모르겠습니다.'와 같이 실망스러운 대답이 돌아옵니다. 이것은 그 입력이 프로그래머가 당초에 정해 놓은 패턴의 어디에도 해당하지 않기 때문입니다. 규칙 기반 인공지능을 구현하기 위해서는 인간이 가지고 있는 지식이나 사전에 정의된 상황을 종합적으로 프로그래밍하는 능력이 요구됩니다.

그러면 장점과 단점을 살펴보겠습니다.

규칙 기반 인공지능의 장점	규칙 기반 인공지능의 단점
• 인공지능이 왜 그런 판단을 한 건지 원인이나 절차를 파악하기 쉽다(재검토가 간단하다). • 규칙을 추가하기 쉽다.	• 규칙이 너무 많으면 예외 처리가 복잡해진다. 때문에 관리하기 어려울 수 있다.

규칙 기반 인공지능은 사람이 정한 규칙에 따라 행동한다는 점에서 인공지능의 네 가지 정의 중에 **합리적으로 행동하는 시스템**으로 분류할 수 있습니다. 따라서 규칙 기반 시스템도 인공지능이라고 할 수 있습니다.

사람은 인간처럼 동작하는 블랙박스 같은 시스템에 지성(지능)을 느낍니다. 일반적으로 그런 것을 인공지능으로 간주합니다. 그래서 규칙 기반 시스템은 단지 하나의 프로그램일 뿐이라고 생각하는 경향이 있습니다만, 인공지능 연구자 관점에서는 이것도 훌륭한 인공지능입니다.

규칙 기반 인공지능의 번영과 쇠퇴

규칙 기반 인공지능이 특히 주목받은 것은 1980년대였습니다. 이 시기에 개발된 인공지능의 목적은 전문가의 작업을 자동화하는 것이었습니다. 전문가의 업무 지식과 노하우를 체계적으로 정리하고, 규칙을 찾아내서 구체화하는 것이 무엇보다 중요했습니다.

예를 들어, 기업 회계는 명확한 규칙이 있습니다. 물론 기업마다 다르게 설정된 항목도 있지만, 그 규칙만 올바르게 찾아서 정의한다면 부기의 절차에 따라 작업을 수행하기만 하면 됩니다. **필요한 작업을 규칙화할 수 있는 분야에서는 규칙 기반 인공지능이 압도적으로 유리합니다.**

하지만 규칙 기반 인공지능은 특정 분야에서는 어느 정도 성공하였지만, 전반적으로는 성공을 거두지 못했습니다. 그 이유는 앞의 단점에서 본 것처럼 대부분의 경우 필요한 규칙의 수가 너무 방대해져서 규칙으로부터 벗어났을 때 예외 처리를 프로그램에 전부 반영하는 것에 너무 많은 비용이 요구되기 때문입니다. 또한, 이미지를 구성하는 화소 데이터와 음성을 구성하는 파형 데이터 등, 애초에 규칙을 찾아내기 어려운 분야에 적용하기가 곤란했습니다. 그러한 이유로 제2차 인공지능 붐은 인공지능 연구자들 사이에서 그 열기가 점차 식어 갔으며, 1990년대에 'AI 겨울AI winter'을 맞이하게 되었습니다.

규칙 기반 인공지능이 적합한 분야

제2차 인공지능 붐이 겨울과 같은 시대를 맞이하였지만, 규칙 기반 인공지능이 쓸모없어진 것은 아닙니다. 적용하기 어려운 사례를 반대로 되짚어가며 어떤 영역이 적합할지 생각해 보겠습니다.

다음의 두 가지는 규칙 기반 인공지능에 적합하고, 머신러닝 인공지능에는 적합하지 않은 케이스입니다.

1. 규칙이 분명하고 예외가 적다.
2. 데이터의 수가 적다.

첫 번째는 규칙을 정의하기 쉬운 분야입니다. 방금 전 기업 회계와 같이 업무에 예외가 적고 규칙대로 처리하면 되는 분야에서는 규칙 기반 인공지능이 비용이나 작업의 수고로움 측면에서나 압도적으로 유리합니다.

두 번째는 학습 데이터의 양이 한정되어 있는 경우입니다. 머신러닝 인공지능에서는 아주 많은 양의 데이터가 필요합니다. 인공지능이 스스로 학습하고 규칙을 만들어 내기 때문입니다.

한편 규칙 기반의 경우는 숙련자(전문가)가 미리 준비된 지식을 컴퓨터에 프로그래밍하기 때문에 그 숙련자가 가지고 있는(알고 있는) 규칙이 완벽하다면, 학습용 데이터를 수집하지 않아도 정확도가 높은 시스템을 완성시킬 수 있습니다.

마지막으로 최적의 인공지능을 선택하는 포인트

오늘날에도 일반적으로 규칙 기반 시스템을 인공지능으로 간주하지 않거나 머신러닝보다 가치가 떨어진다는 잘못된 생각이 흔히 존재합니다. 투자 효율을 높이기 위해서라도 규칙 기반 인공지능을 올바른 가치 기준으로 판단할 필요가 있습니다.

'규칙 기반 인공지능 = 오래된 것 = 쓸모없는 것 vs 머신러닝 = 새로운 것 = 쓸모 있는 것'이라는 공식이 아닌, **규칙화된 업무 → 규칙 기반 인공지능 vs 규칙화가 불가능한 업무 → 머신러닝**이라고 받아들여 주세요.

이것만은 알아 두세요!

- 규칙 기반 인공지능은 인간의 지혜를 if ~ then ~ 등의 조건 형태로 제어하는 시스템이다.
- 인공지능이 행하는 의사결정의 가독성이 높다.
- 규칙화만 가능하다면 인간의 지식을 시스템에 적용할 수 있다.
- 예외 처리가 많은 경우나 애초에 규칙을 정의할 수 없는 경우에는 취약하다.
- 그러나 규칙을 정의할 수 있는 문제의 경우, 구축 비용이나 가독성에서 머신러닝보다 훨씬 우수하다.
- 규칙 기반 인공지능을 과소평가하지 말고 적합성을 잘 판단해서 결정해야 한다.

옛날과 오늘날에 인공지능의 차이점은 무엇일까요

'머신러닝'이 오늘날 인공지능의 특징입니다. 대표적으로 자율 주행 기술이 있습니다.

머신러닝

이 절에서는 드디어 머신러닝이란 무엇인지, 그리고 어디에 필요한지에 대해 생각해 보겠습니다. 우선 전문가 시스템을 되짚어 보겠습니다.

전문가 시스템의 문제점은 '작업(업무)이 복잡할수록 규칙도 복잡해져서 사실상 정의하기가 불가능해진다'는 점입니다. 보다 범용적인 시스템을 만들려면 그 모든 규칙에 대한 경우의 수를 사람이 정의하고 설정해야 하는데, 현실적으로 그럴 수 없기 때문입니다. 여기서 발상의 전환이 이루어집니다. 그것은 바로 **입력 데이터와 출력 결과로 구성된 한 쌍의 데이터를 대량으로 준비하고, 그 데이터 간의 규칙을 기계가 자동으로 발견하도록 하자**는 것입니다.

머신러닝이란 무엇일까요

우선 머신러닝이 무엇을 해야 하는지 생각하기에 앞서 'A라는 입력을 우리가 원하는 값인 B라는 출력으로 변환하는 상황'을 떠올려 보겠습니다.

입력

출력

그림 18

이제 A→B의 변환을 실시하는 또 다른 예를 생각해 보겠습니다.

입력	→	출력	응용 프로그램
음성	→	텍스트	음성 인식
이메일	→	스팸?(0/1)	스팸 메일 필터링
영어	→	중국어	기계 번역
광고·사용자 정보	→	클릭?(0/1)	온라인 광고
영상·레이더 정보	→	다른 자동차 위치	자율 주행
휴대 전화 단말기 사진	→	불량품?(0/1)	외관 검사

그림 19

- 음성이 입력되면 텍스트를 출력하는 음성 인식 프로그램
- 메일이 입력되면 스팸 메일 여부를 판정하는 스팸 필터링 프로그램
- 영어가 입력되면 중국어를 출력하는 기계 번역 프로그램
- 광고와 사용자 정보로부터 그 사람이 클릭한 것인지 아닌지 분석하는 온라인 광고 프로그램
- 영상이나 전파 탐지 정보로부터 다른 자동차가 어디 있는지 인식하는 자율 주행 프로그램
- 휴대폰 단말기 사진으로부터 외관에 결함이 있는지 검사하는 외관 검사 프로그램

예시로 든 프로그램에는 모두 어떤 입력(A)과 출력(B)의 관계가 성립하는 것을 알 수 있습니다. 이것이 데이터의 입출력 관계가 됩니다.

머신러닝을 사용하는 이유

이미지 분류나 번역 등, 인간의 선행 지식을 규칙 형태로 변환해서 컴퓨터에게 가르치는 것에는 한계가 있습니다. 왜냐면 if ~ then ~으로 제어되는 명시적인 규칙으로 사람의 행동을 정의할 수 없기 때문입니다.

사람이 내리는 대부분의 결정은 특별한 이유 없이 그날의 즉흥적인 기분에 따라 결정되는 경우가 많습니다. 오늘 점심에 무슨 메뉴를 먹을지는 우리가 모르는 어떤 법칙이 작동하고 있는 것인지도 모르지만, 그 메커니즘을 정의하기는 어렵습니다. 또한 수신된 메일이 스팸 메일인지 아닌지 사람이 읽으면 대략 판단할 수 있지만, 어떤 단어가 들어 있어야 스팸 메일인지는 간단한 규칙으로 정할 수 없습니다.

아울러 사람의 얼굴을 보면 이름이 떠오르지만, 이것을 컴퓨터가 이해할 수 있는 형태로 정의하는 것은 매우 어렵습니다. 수다를 떨고 있는 도중에 상대방 얼굴의 방향과 거리와 광량이 변해도, 사람은 '공통된 내부적인 정보'를 추상적으로 추출해서 동일 인물이라고 판단합니다. 게다가 어떤 때는 뒷모습으로도 판단 가능합니다. 하지만 이것을 단순한 규칙으로 정의해서, 컴퓨터도 사람처럼 판단할 수 있게 하는 것은 매우 어렵습니다.

이렇듯 **현대 인공지능의 기본적인 개념은 세상의 많은 일들이 그 입출력을 단순한 규칙으로 기술할 수 없다는 전제를 바탕으로 하고 있다는 것입니다.** 따라서 머신러닝에서는 입력과 원하는 출력으로 구성된 테스트 케이스를 대량으로 준비하고, 그 관계성을 자동으로 생성합니다.

이 입력에서 출력으로의 변환은 매우 복잡한 수식으로 표현되며, 얻어진 규칙은 사람이 이해하거나 해석할 수 없는 형태로 되어 있습니다. 그렇기 때문에 머신러닝은 왜 그런 결론이 났는지 설명하기 어려워서 **블랙박스**[4]라고 불리기도 합니다.

> **이것만은 알아 두세요!**
>
> - 머신러닝 인공지능은 규칙 기반으로 해결할 수 없는 문제의 대응책이다.
> - 머신러닝은 입출력 관계로부터 학습한다.
> - 인간이 규정할 수 없는 규칙을 데이터의 입출력 관계로부터 자동으로 생성한다.

---

4 [옮긴이] 머신러닝(혹은 딥러닝)에서 블랙박스는 머신러닝이 결과를 도출하는 계산 과정이 복잡하기 때문에 무슨 근거로 그런 결과를 도출한 것인지 알 수 없는 것

머신러닝이란 무엇인가요

말로 표현하기 어려운 규칙을 컴퓨터가 생각하도록 하는
시스템입니다.

머신러닝에서 무엇보다 중요한 것은 입력 데이터와 목표로 하는 출력 데이터(정답)를 사람이 준비해야 한다는 것입니다. 바꾸어 말하자면 **애노테이션**[5]을 수동으로 준비할 필요가 있습니다. 애노테이션은 기본적으로 사람의 힘으로 준비하는 것이며, 머신러닝은 그 입출력 데이터의 관계성을 파악해서 동일한 작업을 행할 수 있는 능력을 얻는 것을 목적으로 합니다.

---

5   인공지능에게 어떤 작업을 수행하게 할 때 '정답'에 해당하는 것

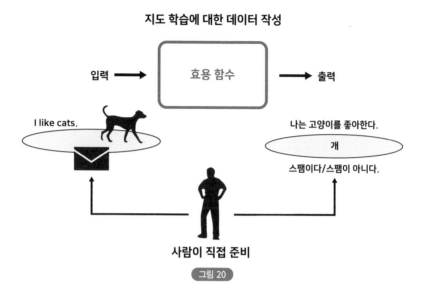

지도 학습에 대한 데이터 작성

입력 → 효용 함수 → 출력

I like cats.

나는 고양이를 좋아한다.

개

스팸이다/스팸이 아니다.

사람이 직접 준비

그림 20

머신러닝에 있어서의 학습 사이클

머신러닝 모델은 학습 과정의 출력에 대해서 그 대답이 올바른지(정확한지) **시그널**을 바탕으로 내부의 행동(처리)을 변화시켜 나갑니다. 시그널이란, 머신러닝의 출력이 정답에 얼마나 가까운가를 수치화한 것입니다.

예를 들어 이미지 인식에서는 단순히 인공지능의 대답이 맞는지, 틀린지가 시그널로서 전달됩니다. 또한, 번역에서는 모범이 되는 번역 결과와 얼마나 비슷한지가 시그널이 됩니다. 그리고 돌아오는 시그널이 양수일 때는 그 행동을 강화하고, 음수일 때는 억제하도록 내부 설정을 조정합니다. 이 과정이 바로 **학습**입니다.

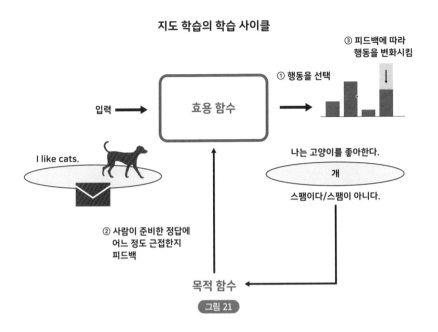

지도 학습의 학습 사이클

③ 피드백에 따라
행동을 변화시킴

① 행동을 선택

입력 → **효용 함수**

I like cats.

② 사람이 준비한 정답에
어느 정도 근접한지
피드백

나는 고양이를 좋아한다.

개

스팸이다/스팸이 아니다.

목적 함수

그림 21

현재 인공지능의 주류가 된 딥러닝은 그림 21의 효용 함수 부분에 인간의 뇌를 모방한 구조의 수식으로 구성된 방정식이 들어 있습니다. 그 숫자나 구조를 튜닝해 나가면서 출력을 변화시키고, 그에 따라 행동도 변화되는 것입니다.

거듭 말씀드리지만 딥러닝은 머신러닝에서 효용 함수를 바꿔가면서 학습시키기 위한 프레임워크에 불과하며, 이것이 인공지능의 진수라고 할 수는 없습니다. 지금까지 다른 인공지능 기법도 상승과 하락을 반복해 온 것처럼 앞으로도 분명 다른 학습 프레임워크가 개발될 것입니다.

학습 데이터양에 따른 머신러닝과 규칙 기반 인공지능의 성능 비교

흔히 머신러닝은 많은 데이터를 필요로 한다고 하는데, 데이터가 늘어나게 되면 성능이 어떻게 변할까요? 그림 22에서는 규칙 기반 인공지능과 머신러닝 인공지능에서 데이터양의 증가에 따른 성능 변화를 보여 주고 있습니다.

가로축은 학습용 데이터를 얼마나 많이 확보할 수 있는가입니다. 오른쪽으로 갈수록 많은 데이터가 준비된 것을 나타냅니다. 세로축은 학습 데이터의 양에 따라 인공지능의 성능이 어느 정도 향상되는지를 나타냅니다.

이 그림은 어디까지나 개념적이며 학습 데이터의 도메인(속성이나 종류)이나 난이도, 사용하는 기법에 따라 선의 기울기는 달라집니다. 또한, 처음부터 끝까지 규칙 기반이 더 높은 성능을 내는 경우도 있습니다. 하지만 대개의 경우는 그림 22와 같은 관계성을 나타냅니다.

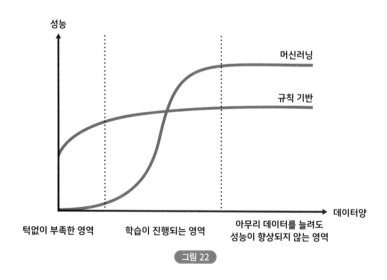

그림 22

규칙 기반 인공지능

규칙 기반 인공지능에서는 사람의 지식을 프로그래밍하기 때문에 데이터가 적은 경우에도 어느 정도는 정확도를 낼 수 있습니다. 만약 필요한 작업이 이미 명확하고 규칙을 명시적으로 정의할 수 있다면, 학습용 데이터가 0건이라도 의도한 시스템을 구축할 수 있습니다.

하지만 대부분의 경우 그런 명시적인 규칙을 사전에 완벽히 정의하기 어렵기 때문에 데이터를 사용해 PDCA[6]를 반복하면서 성능을 개선해 나갑니다. 규칙 기반 인공지능의 경우 많은 데이터를 확보하더라도 늘어나는 예외 처리를 규칙으로 정의하지 못하면, 비교적 이른 시기에 성능의 한계가 찾아옵니다.

머신러닝 인공지능

머신러닝의 경우는 일반적으로 데이터가 많으면 많을수록 그만큼 성능이 높아진다고 생각되지만, 결코 비례 관계는 아닙니다. 데이터의 양과 학습 효율의 관계는 크게 '(데이터가) 턱없이 부족한 영역', '데이터 증가에 따라 학습이 진행되는 영역', '아무리 데이터를 늘려도 성능이 향상되지 않는 영역'의 세 가지 단계로 나눌 수 있습니다.

'턱없이 부족한 영역'에서는 입출력의 변환이 원활하지 않기 때문에 규칙 기반 인공지능의 성능을 (머신러닝이) 따라갈 수 없습니다. '학습이 진행되는 영역'으로 가면 머신러닝 인공지능의 성능이 올라갑니다. 하지만 일정한 데이터양을 넘게 되면 학습한 만큼 성능이 올라가지 않는 시점이 찾아

---

6 [옮긴이] Plan(계획)-Do(실행)-Check(평가)-Act(개선)의 4단계 사이클을 통해 품질을 개선하거나 향상하기 위한 기법

옵니다.

머신러닝 인공지능을 충분히 학습시키기 위해서 데이터가 얼마나 필요한 지는 어떤 기법(알고리즘)을 선택하느냐에 달렸습니다. 또한, 기대하는 정확도에 따라 다르다는 것도 중요합니다. 정확도와 학습량의 관계는 많은 연구가 진행되고 있지만, 절대 함수 같은 것은 발견되지 않았습니다. 소량의 데이터세트dataset에서부터 서서히 정확도를 측정해 나가는 것이 일반적입니다.

이것만은 알아 두세요!

- 데이터가 적은 경우는 규칙 기반 인공지능이 압도적으로 유리하다.
- 머신러닝은 데이터양을 어느 정도 확보하지 못하면 성능이 나오지 않는다.
- 규칙 기반은 어느 시점부터 규칙이 복잡해지면서 성능의 한계점에 도달할 수 있다.

4

인공지능은 인간과 어디까지 가까워질 수 있을까요

4-1   인공지능은 사람의 마음을 이해할 수 있을까요

4-2   인공지능이 쓴 글에서 지성이 느껴지는 이유는 무엇일까요

4-3   인공지능이 똑똑해지는 데 사람의 지식이 도움을 줄 수 있을까요

4-1

인공지능은 사람의 마음을 이해할 수 있을까요

인공지능은 사람의 마음을 이해하지 못합니다. 하지만 그건 사람도 마찬가지입니다.

최근의 딥러닝은 분야에 따라서는 사람을 능가하는 수준으로 발전하고 있습니다. 이 시점에서 '과연 인공지능은 사람의 마음을 이해할 수 있을까?'라는 의문이 생길 것입니다.

인공지능에 입력된 데이터는 전부 숫자 형태로 되어 있습니다. 3장에서 살펴본 딥러닝도 내부적으로는 복잡한 수식으로 기술되어서 의미를 알 수 없는 구조로 되어 있습니다. 이것은 **심벌 그라운딩 문제**symbol grounding problem라고 하는 것으로, 오늘날 인공지능에서 중요한 난제로 떠오르고 있습니다.

심벌 그라운딩

심벌 그라운딩의 원래 의미는 무엇일까요? 근대 언어학의 아버지로 불리는 스위스의 언어학자이자 철학자인 페르디낭 드 소쉬르Ferdinand de Saussure는 '시니피앙signifiant'과 '시니피에signifié'라는 개념을 제안하였습니다. 예를 들어 '고양이'라고 하는 단어를 볼 때, 인간은 어떻게 이해하고 있을까요?

시니피에(가리키는 대상[기호 내용 혹은 기의(記意)])
'고양이'라고 하는 말이 가리키는 것을 상상해 보세요. 그 말을 들었을 때 떠오른 내용을 **시니피에**라고 합니다.

시니피앙(가리키기 위한 표현[기호 표현 혹은 기표(記表)])
또 눈앞에 고양이가 있다고 합시다. 그 사실을 누군가에게 전할 때 "'고양이'가 있다!"고 표현합니다. 이러한 언어 표현인 **시니피앙**은 대상을 가리키는 말인 기호에 해당합니다. 즉, 언어는 항상 '시니피에-시니피앙'의 구조, 바꾸어 말하면 '가리키는 대상(기호 내용)-가리키기 위한 표현(기호 표현)'을 가지고 있습니다. 이것은 인간 누구나 **자기 머릿속에 있는 것을 평생 어떤 누**

구와도 완전히 공유하는 것이 불가능하다는 것을 의미합니다.

왜냐하면 우리 머릿속 생각이나 직접 본 것(시니피에)을 누군가에게 전달할 때는 말이나 문자(시니피앙)를 통해 전달하는 것 외에는 방법이 없기 때문입니다. 여기서 자신의 시니피에와 상대의 시니피에가 완전히 일치하는 일은 일단 있을 수 없습니다. 같은 '고양이'라는 단어도 사람마다 이미지가 다르기 때문입니다.

지금까지 설명한 것처럼 인공지능이 다루는 데이터는 실제로 일어난 현상을 시니피앙(기호)을 사용해서 기록한 것입니다. 따라서 현재의 인공지능은 시니피앙이라는 표면적인 이해만으로 학습을 행하고 있다는 점에서 그것이 가리키는 개념에 대해 진정으로 이해하지 못하고 있습니다. 고양이라는 말을 가르쳐줘도 인간이 생각하는 고양이가 무엇인지 모릅니다. 실제로 고양이를 만난 적도, 만져본 적도 없습니다.

한편 인간은 시니피에와 시니피앙을 세트로 파악하는 것이 가능합니다. 이런 상태를 시니피에와 시니피앙이 결합한 상태(그라운딩grounding)라고 합니다. 인공지능은 그런 수준의 이해를 할 수 없다는 문제를 가리켜 **심벌 그라운딩 문제**라고 부릅니다.

미국의 인공지능을 연구하는 비영리단체 'OpenAI'가 발표한 **GPT-2**에서는 인터넷에 있는 40기가바이트의 문장으로부터 학습하여 문장을 자동으로 생성하는 인공지능을 개발했습니다. 이 인공지능은 인간이 읽어도 어느 정도 의미가 통하는 문장을 생성할 수 있습니다. 하지만 단어의 정렬을 보고 다음에 나올 단어를 고르는 방식으로 문장을 생성하며, 실제 의미를 이해하고 있는 것은 아닙니다.

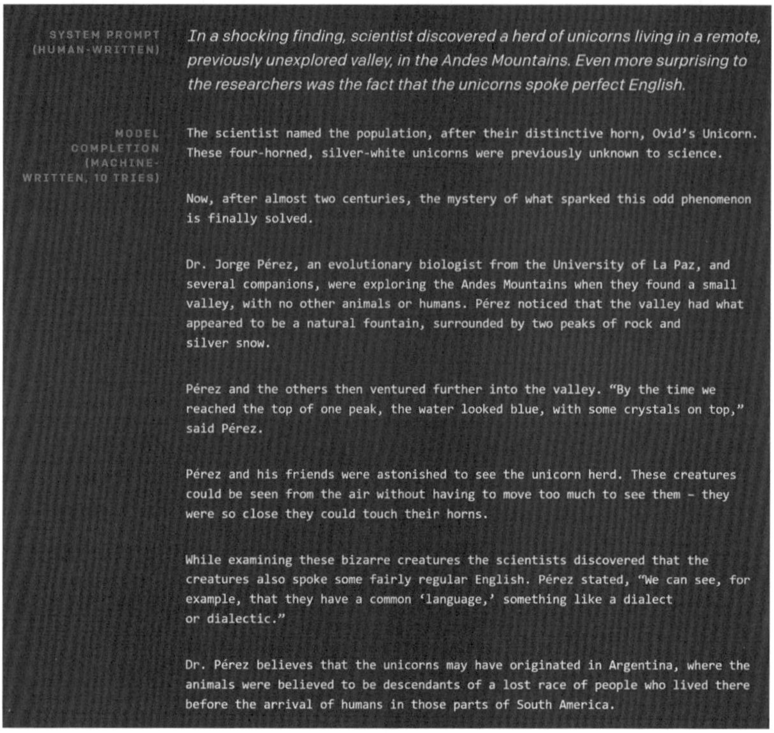

SYSTEM PROMPT (HUMAN-WRITTEN)

In a shocking finding, scientist discovered a herd of unicorns living in a remote, previously unexplored valley, in the Andes Mountains. Even more surprising to the researchers was the fact that the unicorns spoke perfect English.

MODEL COMPLETION (MACHINE-WRITTEN, 10 TRIES)

The scientist named the population, after their distinctive horn, Ovid's Unicorn. These four-horned, silver-white unicorns were previously unknown to science.

Now, after almost two centuries, the mystery of what sparked this odd phenomenon is finally solved.

Dr. Jorge Pérez, an evolutionary biologist from the University of La Paz, and several companions, were exploring the Andes Mountains when they found a small valley, with no other animals or humans. Pérez noticed that the valley had what appeared to be a natural fountain, surrounded by two peaks of rock and silver snow.

Pérez and the others then ventured further into the valley. "By the time we reached the top of one peak, the water looked blue, with some crystals on top," said Pérez.

Pérez and his friends were astonished to see the unicorn herd. These creatures could be seen from the air without having to move too much to see them – they were so close they could touch their horns.

While examining these bizarre creatures the scientists discovered that the creatures also spoke some fairly regular English. Pérez stated, "We can see, for example, that they have a common 'language,' something like a dialect or dialectic."

Dr. Pérez believes that the unicorns may have originated in Argentina, where the animals were believed to be descendants of a lost race of people who lived there before the arrival of humans in those parts of South America.

그림 24

이와 비슷한 현상은 인간에게도 일어날 수 있는 문제입니다. '사랑'을 해본 적 없는 어린이는 '사랑'이라는 것이 가리키는 대상(시니피에)이 무엇인지 알지 못합니다. 하지만 그런 어린이도 OpenAI의 작문 인공지능처럼 참조할 만한 무언가가 있으면 '사랑'이라는 단어를 사용한 문장을 작성하는 것이 가능합니다.

현재의 인공지능도 같은 상황입니다. 이번 절의 타이틀로 돌아가면 인공지능은 '사랑'이라는 것을 심벌(상징)로서 취급할 수 있지만, 지시하는 내용은 알지 못하는 것입니다.

4-2

인공지능이 쓴 글에서 지성이 느껴지는 이유는 무엇일까요

인공지능에 지성을 느끼는 것은 사람의 감각 때문입니다. 인공지능은 아직 문장의 의미를 이해할 수 없습니다.

본질적으로 시니피에를 알지 못하는 인공지능에게서 '지성'을 느끼는 경우가 있습니다. 이와 관련해서 **중국어의 방**[7]이라고 하는 유명한 사고思考 실험이 있습니다.

> 어떤 방 안에 중국어를 본 적도 들은 적도 없는 남자가 있습니다. 가끔씩 바깥에서 중국어로 질문이 쓰인 편지가 들어오는데, 남자는 당연히 뜻도 모르고 읽을 줄도 모릅니다. 하지만 방 안에 '이 글자로 쓰여진 질문에는 이런 글자를 써서 대답하시오'라고 적힌 '매뉴얼'이 있어서 남자는 그것을 보고 답장을 쓸 수 있습니다.
>
> 어디까지나 매뉴얼에 적혀 있는 것은 '글자를 쓰는 방법'에 지나지 않고, 남자는 변함없이 읽는 법도 모르는 채 답장을 계속해서 보냅니다. 하지만 그 매뉴얼은 완벽하기 때문에 중국어 편지로 오가는 대화는 완벽히 '성립'하고 있습니다. 이 경우 남자는 중국어를 진정으로 안다고 할 수 있을까요?

---

7   철학자 존 설(John Searle)이 1980년에 발표한 논문

이 사고 실험은 '내 질문에 상대가 올바르게 회신한다고 해서 상대방이 의미를 이해하는 것이라고 단정할 수 없다'는 것을 시사하고 있습니다. 현재의 인공지능에서도 똑같은 현상이 일어나고 있습니다. 인공지능은 자신의 프로그램(매뉴얼)에 따라서 출력하고 있는 것일 뿐이며, 외부로부터의 입력에 대해 뭔가를 느끼거나 생각하는 것은 아닙니다. 즉, 시니피앙만을 주고받는 것입니다. 현재 인공지능의 발전은 이 중국어의 방에서 정확도가 매우 높아진 상황으로 간주할 수 있습니다.

예를 들어 'cat'이라는 글자를 숫자로 변환하면 '3, 1, 20'과 같은 숫자의 나열이 됩니다. 이 사고 실험은 '인간과 같은 인공지능AGI을 만드는 것은 불가능하다'라는 가설을 뒷받침하기 위해 자주 사용되고 있습니다.

인공지능이 똑똑해지는 데 사람의 지식이 도움을 줄 수 있을까요

예전에는 사람의 지식이 도움을 줄 수 있다고 생각했습니다. 지금은 사람의 지식이 인공지능의 성장을 가로막는 사례도 나오고 있습니다.

데이터와 컴퓨팅 자원을 충분히 확보할 수 있다면 어느 정도 수준의 학습이 가능하다는 점에서 딥러닝은 매우 범용적인 기법입니다. 컴퓨팅 자원을 클라우드상에 확보할 수 있게 된 지금은 딥러닝이 더욱 다양한 분야에서 중요한 역할을 차지하게 되었습니다.

하지만 현실적으로 대부분의 경우 데이터양이 유한하고, 컴퓨팅 자원에도 제한이 있습니다. 이런 제약을 극복하기 위해 인공지능 개발자는 인간이 지금까지 얻은 지식의 특징을 추출해 학습 모델에 반영해서 전반적인 성능을 높이려는 시도를 해왔습니다. 머신러닝에 여러 가지 방법이 제안되고 있는 것도 이런 이유에서입니다.

즉, 각 상황에 맞는 기법, 가령 이미지에 적합한 기법, 테이블 형태의 데이터에 적합한 기법, 소량의 데이터라도 정확도가 나올 수 있는 기법 등에 대한 연구가 진행되고 있습니다.

쓸쓸한 교훈: 인간의 도메인 지식은 유효하지 않다.

그러나 이러한 연구 방향은 오랜 인공지능 연구에서의 쓸쓸한 교훈The Bitter Lesson으로부터 깨달음을 얻지 못한 것이라는 의견이 있습니다.

이제부터 소개해 드릴 내용은 강화 학습의 창시자인 **리처드 서튼**Richard Sutton이 2019년 3월 13일에 공개한 기사[8]를 바탕으로 작성되었습니다. 기사에는 과거의 강화 학습과 딥러닝의 연구를 통해서 차세대 방법론에 대한 힌트를 제시하고 있습니다. 리처드 서튼은 '70년에 걸친 인공지능 연구의 결과, 범용적인 방법이 무엇보다 효과적인 것으로 나타났다'고 말합니다.

'지금까지의 인공지능 연구에서는 인간의 도메인 지식을 활용하는 것이 인공지능의 성능을 향상시키는 유일한 방법이라고 믿었지만, 인공지능이 사용할 수 있는 컴퓨팅 자원은 점점 강력해져서 사람의 도메인 지식을 넣는 것보다 딥러닝에 모든 것을 맡기는 것이 더 좋은 결과를 얻을 수 있다'는 것이 그의 주장입니다.

---

8   Richard Sutton, "The Bitter Lesson"(2019) http://www.incompleteideas.net/IncIdeas/BitterLesson.html(또는 https://bit.ly/3qtgVhK)

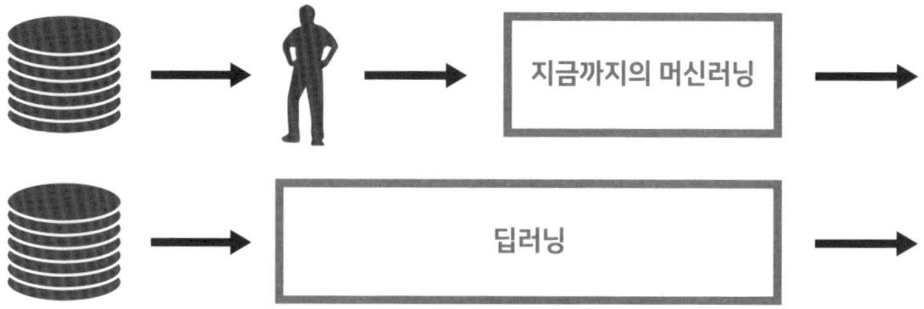

특징 추출(feature extraction)

지금까지의 머신러닝

딥러닝

그림 25

인공지능 성능 향상에 인간의 도메인 지식이 얼마나 도움이 되는지 보여 주는 사례를 두 가지 들어 보겠습니다.

체스

우선 체스의 사례입니다. 1997년에 세계 챔피언 카스파로프Kasparov를 상대로 승리를 거둔 체스 프로그램은 거대한 컴퓨팅 자원을 사용해서 가능한 모든 경우의 수를 탐색하고, 최선의 수를 선택하는 방식이었습니다. 반면에 당시 대부분의 체스 프로그램 연구자들은 체스 전문가의 지식을 컴퓨터에 적용하는 것이 최선의 방법이라고 여기고 있었습니다. 따라서 그들의 예상과 달리 완전 탐색 방식brute force search의 컴퓨터가 승리하자 이것을 우연으로 간주하고 패배를 인정하지 않았습니다.

바둑

인간의 도메인 지식을 전혀 사용하지 않는 알파고 제로AlphaGo Zero는 자기 자신과의 대국을 490만 회 반복한 결과, 프로의 기보를 학습한 알파고보다 훨씬 강해졌습니다. 게다가 인간의 기보를 사용해 학습한 알파고 제로와 비교했을 때도 기보를 사용하지 않은 편이 강하다는 것도 확인되었습니다.

5

인공지능은
틀릴 수 있다

5-1 인공지능은 어떨 때 틀리는 걸까요(첫 번째)

5-2 인공지능은 어떨 때 틀리는 걸까요(두 번째)

5-3 인공지능은 어떨 때 틀리는 걸까요(세 번째)

5-4 인공지능은 어떨 때 틀리는 걸까요(네 번째)

5-5 인공지능이 내린 답을 믿어도 될까요

인공지능은 어떨 때 틀리는 걸까요 (첫 번째)

데이터가 충분한 정보를 포함하고 있지 않으면 틀릴 수 있습니다.

예 다음날 도시락 매출이 어느 정도일지 예측하려는데 날씨 데이터가 없다.

완벽한 인공지능은 존재할 수 없다

인공지능을 비즈니스에 적용하려는 사람에게는 인공지능의 정확도가 어느 정도일지, 그리고 어떻게 해야 인공지능이 최적의 성능을 발휘할 수 있을지가 매우 중요합니다.

하지만 **인공지능은 틀릴 수 있습니다.** 정확도 100%의 만능 인공지능을 만드는 것은 애초에 비현실적입니다. 이번 장에서는 인공지능이 왜 틀리는지 그 이유를 알아봄으로써 어떻게 하면 실용적인 인공지능을 얻을 수 있을지 생각해 보겠습니다. 이 장은 인공지능을 맹목적으로 과신하지 않기 위해 알아 두어야 하는 내용으로, 이 책에서 가장 중요한 부분 중 하나입니다.

인공지능이 틀리는 이유는 크게 세 가지를 들 수 있습니다.

- 데이터의 표현 능력
- 모델의 표현 능력
- 학습과 테스트의 환경 차이

인공지능은 연금술?

14세기경 유럽에서 연금술 붐이 일어났습니다. 화학적 수단을 사용해서 납, 아연 등과 같은 비금속非金屬으로부터 금을 연성하려고 했지만 실패로 끝났습니다. 금은 단일 원소로 이루어진 물질이지 화합물이 아니기 때문입니다.

인공지능도 입력 데이터 안에 '금'이 있어야 연성됩니다. 이미지 인식의 예를 들면 일반적으로 입력은 출력에 대해 훨씬 더 많은 정보를 포함하고 있습니다. 따라서 같은 입력 데이터라도 애노테이션을 바꾸면 개의 이미지를 보고 견종을 맞추거나, 처진 귀인지 아닌지를 판별하거나, 어떤 표정인지 식별하는 분류 모델을 만들 수 있습니다.

하지만 당연하게도 이미지 데이터로부터 내일의 주가를 예측하는 것은 불가능합니다. 주가를 맞추는 데 필요한 정보가 포함되어 있지 않기 때문입니다. **애초에 만들고 싶은 인공지능의 기능에 필요한 정보가 입력 데이터에 포함되어 있다는 것이 학습의 대전제**가 됩니다.

데이터의 표현 능력

예를 들어, 어떤 사람의 개인 정보에서 그 사람이 남자인지 여자인지 맞히는 인공지능을 생각해 봅시다(젠더 이슈는 이해하고 있습니다만, 쉬운 예를 위한 것이니 양해해 주세요).

만약 개인 정보로 신장과 체중밖에 주어지지 않은 경우에는 어떻게 되는 것일까요? 그림 26은 가로축을 신장, 세로축을 체중으로 하고 성별에 따라 색을 구분한 결과입니다.

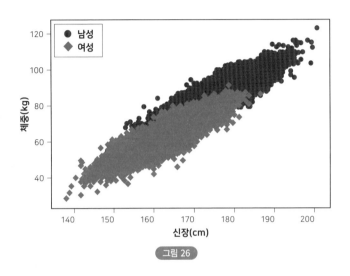

그림 26

그림 26을 보면 **신장과 체중 데이터만으로는 남자인지 여자인지 맞추기 어렵다**는 것을 알 수 있습니다. 왜냐면 그래프의 중심 영역에서는 양쪽의 성별이 같은 값을 갖고 있기 때문입니다. 신장과 체중이라는 두 가지 정보만으로는 100% 정확한 인공지능을 만들기에 부족하다는 것을 알 수 있습니다. 이렇듯이 입력 데이터에 충분한 정보가 포함되어 있지 않은 경우, 데이터의 표현 능력이 부족하다고 할 수 있습니다.

인공지능의 학습이란, **데이터에서 필요한 정보만 남기고 나머지 정보를 삭제하는 것**입니다. 예를 들어, 이미지 인식에서는 개의 이미지에서 개가 찍혔다는 정보만 남기고 방향이나 견종, 표정 등의 정보는 모두 지워버린다는 것입니다. 이것은 데이터 안에 이미 답이 있어야 한다는 의미이기도 합니다.

그러나 앞의 예처럼 신장과 체중이라는 정보 속에 성별을 판별하기 충분한 정보가 담겨 있지 않다면, 아무리 인공지능이 학습을 하려고 해도 인공지능에게 정확한 답을 줄 수 없습니다. 여기까지 살펴본 내용이 인공지능이 틀린 답을 내는 첫 번째 이유입니다. 이는 예측하려는 것에 대한 '데이터의 표현 능력이 부족하다'고 표현할 수 있습니다.

정보가 부족한 또 다른 예시로 매출 예측이 있습니다. 예를 들어, 도시락 가게의 매출을 예측한다고 생각해 보겠습니다. 오늘까지의 매출 이력 데이터가 있다고 해도 그것만으로 내일의 매출을 완벽하게 맞힐 수 없다는 것은 당연한 사실입니다.

애초에 미래는 불확실하다는 전제가 있긴 하지만, 보다 정확도 높은 모델을 만들려고 할 경우 날씨나 습도의 데이터뿐만 아니라 각종 경제 지표나 주가, 주변의 이벤트 개최 상황 등 다양한 정보가 필요할 것입니다.

이것만은 알아 두세요!

- 인공지능이 왜 틀리는지를 아는 것은 인공지능을 올바르게 신뢰하기 위해서 중요하다.
- 인공지능이 틀리는 이유의 하나로서 데이터의 표현 능력에 의한 것이 있다.
- 데이터의 표현 능력은 필요한 작업을 수행하기에 충분한 정보가 얼마나 포함되어 있는가로 결정된다.

인공지능은 어떨 때 틀리는 걸까요 (두 번째)

모델의 표현 능력이 부족할 때 틀립니다.

⟨예⟩ 아무리 손질해도 다이아몬드 가공에 가위를 사용할 수는 없습니다.

모델의 표현 능력

인공지능이 왜 틀리는지에 대한 두 번째 이유입니다. 앞에서 데이터 자체에 충분한 정보가 포함되어 있지 않은 케이스(데이터 표현 능력이 결여된 예)를 보았습니다. 이 표현 능력의 문제는 데이터뿐만 아니라 분석에 사용하는 인공지능의 **모델**에도 발생합니다.

인공지능의 학습은 '데이터에 포함되어 있는 필요한 정보만 남기고 나머지를 삭제하는 것'이라고 설명했습니다. 여기서 설명하는 **모델의 표현 능력**은 이 **필요한 정보를 남기고 불필요한 정보를 삭제하는 실행 능력**을 가리킵니다.

규칙 기반 시스템에서 보는 모델의 표현 능력 한계

구체적으로 살펴보도록 하겠습니다. '모델의 표현 능력'이 문제가 된다(에러가 발생한다)는 것을 알기 쉬운 예로 규칙 기반 시스템을 들 수 있습니다. 규칙 기반 시스템rule based system은 하나하나의 규칙을 '만약 ××라면 ○○'와 같이 기계가 이해할 수 있게 사람이 지정해야 합니다. 즉, 'if ××, then ○○' 형식으로 된 프로그램인 셈입니다. 이 시스템이 제대로 작동하기 위해서는 모든 케이스를 사전에 가정하고, 해당하는 모든 규칙을 만들어야 하며, 예외도 정의해야 합니다.

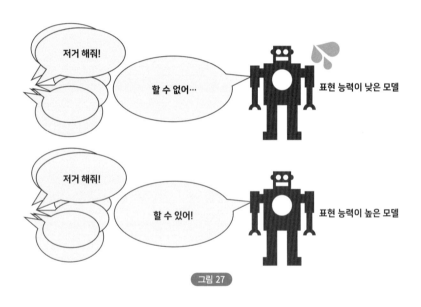

저거 해줘!

할 수 없어…

표현 능력이 낮은 모델

저거 해줘!

할 수 있어!

표현 능력이 높은 모델

그림 27

단순히 ○나 ×를 판정하는 시스템에서는 이 프로그래밍이 그다지 어렵지 않습니다. 하지만 사람과 대화하는 인공지능을 규칙 기반 시스템으로 만들려면, 무한에 가까운 규칙을 설정해야 합니다. 이것이 표현 능력이라는 것입니다. 당연하게도 사람이 만든 규칙 기반 인공지능은 그 모델 자체에

들일 수 있는 시간과 노력에 의한 상한선이 정해져서 충분한 표현 능력을 가지지 못하는(정확도가 나오지 않는) 것이 일반적입니다.

머신러닝 기반 시스템에도 한계는 있다

현재는 규칙 기반 시스템에 머신러닝을 도입해서 학습 프로세스의 자동화가 진행되고 있지만, 모델에 충분한 표현 능력이 갖추어져 있는가 하는 문제는 어떤 머신러닝 기법에서도 동일하게 존재합니다.

또한, 모델의 표현 능력은 사용하는 기법이나 알고리즘에 의존적입니다. 이들은 데이터의 종류나 성질(도메인 지식)에 따라 다양한 아키텍처가 존재하며, 나날이 개선이 진행되고 있습니다. 그렇지만 완벽하다고 단언할 수 없다는 점에 유의해야 합니다.

이것만은 알아 두세요!

- 인공지능의 학습이란 '필요한 정보를 남기고 나머지를 삭제하는 것'이다.
- 구체적인 학습 방법을 '(학습) 모델'이라고 한다.
- 규칙 기반 시스템 학습 모델의 표현 능력은 사람이 들이는 시간과 노력에 의해 결정된다.
- 머신러닝 기반 시스템의 표현 능력은 알고리즘에 의해 결정되며, 어떤 알고리즘이라도 한계는 있다.

높은 표현 능력을 가진 딥러닝 모델

최근 인공지능 붐을 더욱 달아오르게 한 딥러닝은 표현 능력이 매우 뛰어난 모델의 대명사로 알려져 있습니다. 데이터 구조가 복잡한 이미지, 언어, 음성 등의 분야에서 지금까지의 규칙 기반이나 고전적 머신러닝 기법으로는 기대할 수 없을 정도의 큰 정확도 향상을 이루어 내고 있습니다.

지금까지 보신 것처럼 모델의 표현 능력은 '얼마나 어려운 문제를 학습할 수 있을까'를 고려하는 데 있어 매우 중요합니다. 딥러닝과 같은 '모델의 표현 능력 향상'은 최근의 인공지능을 크게 진화시킨 요인이라고 할 수 있습니다.

인공지능 연구자들 사이에 퍼지고 있는 통설의 하나로 딥러닝의 만능 근사近似 능력이라는 사고방식(정리)이 있습니다. 이것은 딥러닝은 어떤 함수에서도 근사할 수 있다(즉, 규칙을 발견할 수 있다)는 것입니다. 다시 말해 모델의 표현 능력 오류에 관해 딥러닝에서는 걱정할 필요가 거의 없어졌다는 정리입니다(더 자세히 알고 싶다면 '만능 근사 정리(혹은 보편 근사 정리)Universal Approximation Theorem'를 참고하세요).

딥러닝을 이용한 모델이 완벽하지 못한 이유를 든다면 5-1절에서 제시한 세 가지 이유 중 데이터의 표현 능력이나 학습과 테스트 환경 차이를 들 수 있습니다.

인공지능은 어떨 때 틀리는 걸까요 (세 번째)

학습한 과거의 데이터가 통용되지 않으면 틀립니다.

예 문제집에서 공부한 내용이 시험에 나오지 않는 경우

인공지능이 틀릴 수 있는 세 번째 이유는 머신러닝을 하고 있는 이상, 즉 과거의 어떤 데이터로부터 학습을 실시해 미래에 대응하려는 구조에서는 '결코 피할 수 없는 것'입니다.

인공지능의 시험 공부

예를 들어, 인공지능이 시험 공부를 한다고 생각해 보겠습니다. 여러분도 시험에 합격하기 위해 기출 문제집을 열심히 풀었던 추억이 있을 것입니다. 문제집에 있는 문제를 풀 수 있다고 해서 시험에 반드시 합격한다고 장담할 수는 없습니다. 문제가 그대로 시험에 출제되지는 않기 때문입니다. 특정 문제집을 계속 반복해서 풀면 그 문제집의 문제에 대한 정답률

은 높아지지만, 처음 보는 문제로 된 시험 점수도 올라간다고 할 수는 없습니다.

머신러닝은 여러 입출력 샘플이 학습 데이터로 주어지면, 그 입력과 출력의 관련성에 따라 변환하는 함수를 얻으려고 합니다. 하지만 대부분의 경우 **학습시킨 데이터는 어디까지나 과거의 것이지, 미래에도 그것과 똑같은 데이터가 나타날 것이라고 보장할 수 없습니다.** 예를 들어 번역 인공지능의 경우 실제로 번역해야 하는 문장은 학습 과정에서 알 수 없으므로, 현재 확보된 데이터로부터 입출력 조합을 학습시킬 수밖에 없습니다.

앞서 나온 시험 공부 예시와 마찬가지로 머신러닝은 미지의 입력에 대해 올바르게 판단할 수 있도록 가능한 **범화적**汎化的(특정 자극에 대한 반응이 형성된 뒤에 유사한 다른 자극을 주어도 동일한 반응이 나타나는 현상)으로 학습해야 합니다. 하지만 그 미지의 입력이 무엇인지 사전에 알 수 없다는 딜레마가 존재하는 것입니다.

인공지능이 저지르는 두 가지 오류 (문제집과 실전 테스트)

학습과 테스트의 환경 차이가 있을 때 인공지능이 저지르는 오류는 다음 두 가지로 나눌 수 있습니다.

- 하나는 기존의 데이터에 대한 오류가 많은 것으로 **경험 손실**이라고 합니다.
- 또 하나는 미지의 데이터에 대한 오류가 많은 것으로 **기대 손실**이라고 합니다.

앞의 예시에서 특정한 문제집을 풀 수 있도록 하는 것을 **경험 손실을 낮춘다**고 합니다. 또 미지의 시험 문제를 풀 수 있도록 하는 것을 **기대 손실을 낮**

춘다고 합니다. 머신러닝은 경험 손실과 기대 손실을 최소화해서 주어진 샘플 데이터를 바탕으로 '일반화'된 지식을 획득하는 것을 목표로 합니다.

피할 수 없는 문제

현재의 인공지능 시스템은 경험 손실이나 기대 손실이 낮지 않은 경우, 오류를 범할 수 있다는 것을 염두에 두어야 합니다. 예로서 경험 손실은 낮지만, 기대 손실이 높은 경우를 살펴봅시다. 이런 상태를 학습이 부족하거나 혹은 학습을 너무 많이 시켰다고 해서 **과학습**[9]이라고 합니다.

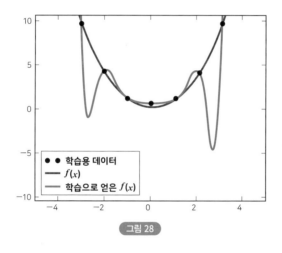

그림 28

$y=x^2$이라는 모델(회색 선, $f(x)$)이 있다고 가정하겠습니다. 그리고 검은 점 부분은 학습용 데이터로 주어집니다. 학습을 수행한 결과 인공지능은 녹색 선이 이 모델의 올바른 모습이라고 학습했습니다. 이 경우 녹색 선은

9 　올긴이 　'과학습'은 과대적합 혹은 오버피팅(Overfitting)이라고도 하며, 학습 데이터에서만 높은 정확도를 나타냅니다. 이와 반대로 학습이 부족한 경우는 과소적합 혹은 언더피팅(Underfitting)이라고 합니다.

모두 검은 점을 지나기 때문에 경험 손실은 0이 됩니다. 다만 녹색 선과 회색 선 사이에 큰 괴리가 있어서 기대 손실 관점에서 매우 나쁜 학습 결과가 되는 것입니다.

이것은 인공지능을 이용한 미래 예측에서 흔한 일입니다. 많은 데이터를 철저하게 여러 번 학습시켜서 과거 데이터로는 100점을 받을 수 있는 인공지능이, 미래에도 올바른 결과를 가져온다는 보장은 없는 셈입니다. 실제로도 주가 예상 인공지능에서 이런 일이 흔합니다.

> **이것만은 알아 두세요!**
> - 학습 데이터가 완벽한 것만으로는 머신러닝의 목적인 범화적 지식을 얻었다고 생각할 수 없다.
> - 미지의 데이터에 대해 올바르게 추론할 수 있을지는 신중히 접근해야 한다.

인공지능은 어떨 때 틀리는 걸까요
(네 번째)

예상치 못한 데이터가 입력되었을 때 틀립니다.

예 모르는 것이 생겨도 아는 척합니다.

인공지능이 틀리는 세 번째 이유에서는 주어진 학습용 데이터로만 학습하다 보니 실제로 운용했을 때 발생할 미지의 입력에 대한 손실을 계산할 수 없다는 것을 소개했습니다. 그렇다면 학습에 사용한 데이터와 전혀 다르거나 알 수 없는 입력이 있을 때 인공지능은 어떻게 행동하는 것일까요?

잘못된 인공지능 서비스

실제로 인공지능을 도입한 서비스의 사례를 소개하겠습니다.

텀블러tumblr(미국에서 시작된 블로그 서비스)는 2018년 12월 17일부터 사용자의 연령에 관계없이 성인 콘텐츠 업로드를 전면 금지한다고 발표했습니다. 이것은 텀블러에 음란물 영상이 포함되어 있었던 것을 이유로 애플 앱스

토어에서 앱이 삭제된 것이 계기라고 합니다.

음란물 영상을 판정하는 인공지능을 만드는 경우, 이상적으로 완벽하게 판정할 수 있도록 하려면 이 세상 모든 영상 전부에 대해 음란물인지 아닌지 레이블(사람이 판정한 정보)을 바탕으로 학습해야 합니다. 하지만 이는 비현실적이기 때문에 이 음란물 판정 인공지능의 정확도는 매우 낮았습니다. 그 결과 전혀 성적이지 않은 영상을 업로드한 사용자에게 경고를 보내기도 해서 당황하게 만들었습니다.

정황을 알아차린 텀블러 사용자들은 이 문제를 역이용해서 성인물로 오판되는 '아무것도 아닌 영상'을 트위터에서 경쟁적으로 업로드하였습니다. 어떤 인기 게임의 공룡 캐릭터나 평범한 아저씨, 음식 사진 등에서도 오판이 발생했다고 합니다. 왜 이런 일이 일어났던 것일까요?

知之爲知之(지지위지지) 不知爲不知(부지위부지) 是知也(시지야)

《논어》에서 "子曰(자왈), 由(유), 誨女知之乎(회여지지호), 知之爲知之(지지위지지), 不知爲不知(부지위부지), 是知也(시지야)(공자께서 말씀하시길 유야, 너(女)에게 어떤 것을 안다는 것에 대해 가르쳐 주겠노라. 아는 것을 안다 하고 모르는 것을 모른다고 하는 것. 이것이 진정으로 아는 것이니라)"라는 문구가 있습니다.

사람으로서의 됨됨이를 설명하는 문구이지만 머신러닝의 약점 또한 바로 여기에 있습니다. **새로운 입력에 대해 모른다고 판단하게 할 수 없다**는 것입니다(예외는 있지만 여기서는 구조적인 문제로 설명하겠습니다).

이미지 인식을 예로 들면 동물의 레이블을 학습시킨 인공지능은 자동차 이미지처럼 학습에 사용하지 않은 입력이 있으면 이미 학습한 동물의 레이블(들고 있는 선택지)을 통해 차를 동물로 인식하려고 합니다. '주어진 데이터에 대해 어떤 결과를 낼 수 있으면 된다'고 하는 목적 함수에서만 학습하고 있는 경우, 모르는 입력이라는 것은 존재하지 않기 때문에 이런 문제가 일어납니다.

한편 규칙 기반 인공지능의 경우는 사람이 규정한 규칙 중 어느 것에도 맞지 않는 경우, 모른다고 하는 출력이 가능합니다. **규칙 기반 인공지능은 자신이 모른다는 사실을 안다**고 말할 수 있습니다.

이것만은 알아 두세요!

- 인공지능은 목적 함수를 최대화하는 것을 목적으로 하며, 미지의 입력이 존재할 수 있다는 사실은 고려하고 있지 않다.
- 따라서 모르는 데이터가 오면 예기치 못한 동작을 한다.
- 모른다는 것을 모르기 때문에 미지의 상황에서 상황 판단에 매우 약하다.

과학습의 처리 방법

시험 공부의 예라면 인공지능이 제대로 범화된 지식을 얻고 있는지를 새로운 문제집으로 테스트하게 됩니다(하지만 새로운 문제집도 시험에 그대로 나오는 것은 아니기 때문에 경험 손실을 낮추더라도 한계는 있습니다).

머신러닝에서는 과거의 데이터 전부를 학습에 사용하지 않고 3등분(훈련/검증/테스트 데이터)하여 각각의 퍼포먼스를 비교해서 범화되었는가를 판단하는 방법이 있습니다.

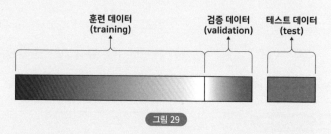

그림 29

삼등분된 데이터는 모두 과거의 데이터입니다. 훈련 데이터로 인공지능을 학습시켜서 모델을 만듭니다. 검증 데이터로 모델의 설정이 올바른지 검증하고, 테스트 데이터로 미지에 대한 대응 정도를 계측합니다. 검증 데이터는 모델 선택을 위해 사용됩니다. 머신러닝에는 여러 학습 기법 또는 모델이 있습니다. 그중 어느 것을 선택하는 게 더 좋은지 검증 데이터로 판단합니다.

정리하면 훈련 데이터로 파라미터를 학습하고, 검증 데이터로 모델 선택을 하고, 테스트 데이터로 성능을 측정한다고 할 수 있습니다.[10]

---

10 [옮긴이] 이러한 성능 평가 기법을 교차 검증(cross validation)이라고 합니다. 여기서 설명된 교차 검증 기법은 홀드 아웃(hold out)이며, 그 외에도 k겹 교차 검증(k-fold cross validation), LOOCV(Leave One Out Cross Validation) 등이 있습니다.

인공지능이 내린 답을 믿어도 될까요

인공지능 내부는 블랙박스이기 때문에 신뢰받지 못하는 경우가 많습니다. 때문에 신뢰를 높이기 위한 연구가 활발하게 진행되고 있습니다.

평소 우리가 타고 다니는 비행기에는 수십 년 전부터 오토 파일럿(자동 조종) 기술이 사용되고 있습니다. 사람은 '비행기에 타는 것'으로 이러한 시스템에 대해 암묵적인 신뢰를 나타냅니다. 컴퓨터 프로그램(응용 프로그램)에서 이와 같은 신뢰는 매우 중요한 문제가 됩니다.

일반적인 프로그램은 코드를 통해 미세하게 제어된 규칙에 따라 작동합니다. 자동 조종도 그렇습니다. 규칙 기반으로 동작하고 있다는 것은 지금까지 본 것처럼 '어떠한 상태가 되면 어떤 행동을 취할지가 명시적이고 알기 쉽다는 측면'을 가지고 있습니다. 우리가 이러한 시스템을 신뢰하는 것은 그리 어렵지 않습니다.

한편, 최근의 머신러닝은 데이터의 입출력에서 패턴을 학습한다는 점에서 기존의 규칙 기반 시스템과는 큰 차이가 납니다. 머신러닝을 **블랙박스**라고 언급한 것처럼 **왜 그런지는 모르겠지만 이런 결과를 출력했다**고 하는 경우가 많습니다. 그러한 시스템에는 신뢰를 가지기 매우 어렵습니다.

여러분이 달에 가야 할 경우, 비행 이론을 하나하나 확인할 수 있는 반자동 조종 기능이 있는 우주선과 전자동으로 움직이지만 구조를 알 수 없는 블랙박스 같은 우주선이 있다면 어느 쪽에 타고 싶을까요? 운항 실적에 따라 다르겠지만 전자를 선택하는 사람이 많을 거라 생각합니다.

인공지능의 신뢰성과 리스크

인공지능의 신뢰성에 과도한 기대를 가지고 있지 않다면 인공지능 도입은 비교적 원활하게 이루어집니다.

예를 들면 쇼핑몰의 상품 추천 기능입니다. 과거 구매 이력을 토대로 상품을 추천하는 기능에는 이미 인공지능이 도입되어 있습니다. 비록 정확도가 낮더라도 잃을 것에 대한 위험이 크지 않기 때문입니다. 인공지능은 이런 관점에서로 **리스크가 낮은** 영역에서의 적용이 진행되고 있습니다.

한편 의료 진단이나 재판의 판결, 주식 매매나 비행기의 자동 조종 등에서는 적용이 진행은 되고 있지만, 완전히 대체되지는 않았습니다. 이런 분야는 **리스크가 높지만** 그에 따른 부가 가치나 기대 효과도 높습니다. 이런 분야에 인공지능을 적용시키려면 우선 사람이 그 시스템에 대해 강한 신뢰를 갖고 있어야 합니다.

사람이 신뢰를 얻으려면 신뢰받을 만한 사람이 되어야 합니다. 인공지능에 있어서 신뢰받을 만한 조건은 무엇일까요? 이 책에서는 다음의 네 가지[11]를 필요 조건으로 다루겠습니다.

- **견고성**Robustness
- **공정성**Fairness
- **설명 책임**Accountability
- **재현성**Reproducibility

인공지능 연구의 최신 트렌드

'어떻게 하면 사람이 인공지능을 신뢰할 수 있을까', '어떻게 하면 인공지능은 사람에게 신뢰받을 수 있을까'라는 토픽에 대한 관심은 가파르게 증가하고 있습니다.

세계에서 가장 권위 있는 머신러닝 학회 'NeurIPS'는 2018년도 사전등록 신청이 10분 만에 마감될 정도로 주목을 받았는데, 이 학회의 기조 강연 제목을 보면 머신러닝 분야에서 인기 있는 연구 주제를 엿볼 수 있습니다.

그림 30은 2017년과 2018년의 NeurIPS 기조 강연 제목입니다. 2017년에는 '인공지능의 신뢰성'과 관련된 이슈가 1건이었는데, 2018년에는 7건 중에 5건을 차지할 정도로 빠르게 증가하고 있습니다.

11 　[옮긴이] 우리나라의 경우는 2021년 5월 13일자의 '신뢰할 수 있는 인공지능 구현 전략 발표'에 따르면 안전(Safety), 설명 가능성(Explainability), 투명성(Transparency), 견고성(Robustness), 공정성(Fairness) 등을 구성 요소로 포함하고 있습니다. https://www.korea.kr/news/pressReleaseView.do?newsId=156451595(또는 https://bit.ly/3FErxix)

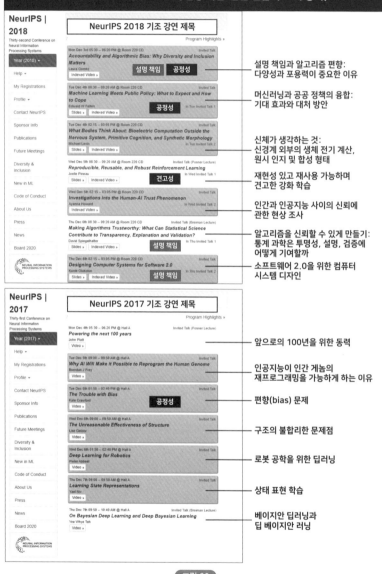

그림 30

그림 31은 NeurIPS 2021의 기조 강연 제목입니다. 2018년에 비해 신뢰성 관련 이슈는 줄었지만, 여전히 비중 있게 다루어지고 있습니다.

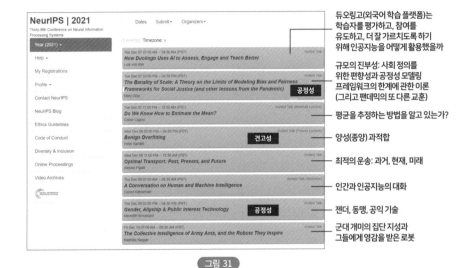

그림 31

인공지능이 신뢰받을 수 있도록 하기 위한 연구에 대해서는 6장 이후에 자세히 살펴보겠습니다.

이것만은 알아 두세요!

- 인공지능이 신뢰받지 못하면 리스크가 높은 분야에서의 적용은 진행되지 않는다.
- 신뢰받을 만한 조건은 견고성, 공정성, 설명 책임, 재현성의 네 가지가 있다.

인공지능 내부에
잠재된 악의란
무엇일까요

6-1 인공지능을 속일 수 있다는 것이 사실일까요

6-2 인공지능이 사람을 차별한다는 게 사실인가요

6-3 인공지능의 예측이나 결정을 믿을 수 있게 하려면
     무엇이 필요할까요

6-4 인공지능은 어떻게 해서 예측이나 결정의 근거를 설명할 수
     있을까요

6-5 인공지능의 예측이나 결정을 믿을 수 있게 하려면 설명
     이외의 다른 방법도 있을까요

6-1

인공지능을 속일 수 있다는 것이
사실일까요

사실입니다. 스티커를 붙이거나 특수한 옷을 입는 것만으로도
인공지능을 쉽게 속일 수 있습니다.

5장에서는 신뢰할 수 있는 인공지능을 만들기 위해 필요한 네 가지 조건을
살펴보았습니다. 이번 6장에서는 그 첫 번째 항목부터 설명하겠습니다.

- **견고성**Robustness
- 공정성Fairness
- **설명 책임**Accountability
- 재현성Reproducibility

견고성이란

견고성이란, **인공지능이 외부의 간섭이나 공격으로부터 얼마나 안전한가**를 말
합니다.

미국의 어느 대학에서는 그림 31과 같이 교통 표지판에 작은 스티커를 붙이면 인공지능이 제대로 인식하지 못한다는 것을 논문을 통해 발표하였습니다.

그림 31

자율 주행 자동차는 레이더나 카메라와 같은 여러 가지 장치를 사용해 주변을 파악하는데, 그중에 교통 표지판은 카메라를 통한 이미지 인식으로 식별합니다. 앞에서 설명한 것처럼 인공지능은 학습한 적이 있는 이미지는 잘 인식하지만 그 범위를 벗어난, 즉 잘 모르는 이미지는 구조상 대응할 수 없습니다. 한 예로 일본에서는 카메라 매장 간판의 로고를 교통 표지판으로 잘못 인식한 경우도 있었습니다.

반면에 사람은 도로 표지판에 뭔가가 붙어 있거나 약간의 변형이 있어도 속지 않습니다. 이렇듯 **사람의 이미지 인식 능력은 매우 견고하다**고 말할 수 있습니다.

인공지능은 왜 쉽게 속을까요

인공지능은 왜 속는 것일까요? 그것은 5-3절에서 본 **경험 손실과 기대 손실의 차이** 때문입니다.

이미지 인식 인공지능은 보통의 일반적인 이미지를 입력하면 레이블링된 데이터를 통해 학습한 대로 올바른 결과를 출력할 수 있습니다. 하지만 약간의 노이즈만 추가돼도 원래 분포에서 크게 벗어난 이미지가 입력된 것처럼 보이는 것입니다.

이렇듯 학습에 사용되지 않은 입력에 대해서는 출력 준비가 되어 있지 않습니다. 이것은 **모른다고 할 줄을 모른다**는 인공지능의 약점입니다.

인공지능을 속이는 것에 특화된 인공지능

'모른다는 사실을 모른다'고 하는 인공지능의 약점을 이용하면 **의도적으로 인공지능을 속이는 인공지능**을 만들 수도 있습니다.

그림 32에서 오른쪽 사람은 목에 그림을 걸고 있습니다. 이 그림은 인공지능이 생성한 것으로, 사람을 검출하는 인공지능이 사람을 인식할 수 없게 하기 위한 목적으로 만든 것입니다. 최근에는 방범 목적으로 사람을 인식하는 인공지능이 사용되고 있지만, 그런 인공지능의 감시를 속이는 인공지능이 만들어졌다는 사실도 인지하고 있어야 합니다.

참고로, 이 그림을 생성하는 인공지능을 만들려면 사람 검출 인공지능이 사람을 인식할 수 없도록 속이는 것을 목적 함수로 해야 합니다.

그림 32

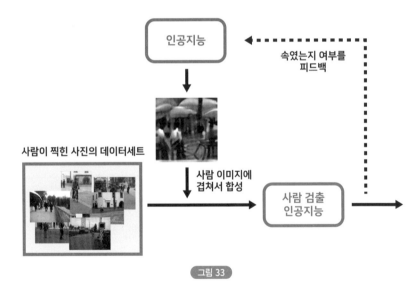

인공지능

속였는지 여부를
피드백

사람이 찍힌 사진의 데이터세트

사람 이미지에
겹쳐서 합성

사람 검출
인공지능

그림 33

인공지능을 공격으로부터 보호할 수 있을까

다른 인공지능을 속이거나 공격하는 인공지능으로부터 시스템을 보호하기 위한 방법론의 개발은 앞으로 인공지능을 널리 확산시키기 위해서 필수불가결합니다. 특히, 리스크가 높은 분야일수록 더 중요합니다.

인공지능의 견고성을 높이기 위한 연구는 많은 관심을 받고 있습니다. 어떻게 해야 악의를 가진 공격으로부터 인공지능을 보호할지, 그리고 미지의 데이터에 대해 예상치 못한 답을 출력하는 게 아니라 '모른다'는 판단을 내릴 수 있게 하는 것이 가능한지와 같이 방어를 테마로 한 연구가 활발히 진행되고 있습니다.

하지만 **방어에 대한 연구의 진행뿐만 아니라 동시에 공격에 대한 연구도 진행**되고 있는 상황입니다.

예를 들어 2018년 10월 27일에 발표된 방어에 관한 논문[12]도 2019년 2월 6일에 발표된 공격 기법 관련 논문[13]에 의해 공략되었다는 보고가 있습니다. 이와 같이 양측은 서로 엎치락뒤치락하는 관계에 있습니다.

그런데 인간은 어떻게 이런 공격에 속아 넘어가지 않는 것일까요? 애초에 인간은 인공지능과는 사물을 인지하는 방식이 다른, 예를 들어 노이즈 처리와 같은 구조를 선천적으로 갖고 있는 것이 아닐까 추측할 수 있습니다. 이러한 노이즈 처리 구조를 인공지능에게도 적용할 수 있을지에 대한 연구도 진행되는 중입니다.

---

12 "Attacks meet interpretability: Attribute- steered detection of adversarial samples"(https://arxiv.org/pdf/1810.11580.pdf)"

13 "Is AmI (Attacks Meet Interpretability) Robust to Adversarial Examples?"(https://arxiv.org/pdf/1902.02322.pdf)

여담이지만 CCTV를 속일 수 있는 옷이 **적대적 패션**Adversarial Fashion이라는 브랜드로 인터넷상에서 판매되고 있습니다.

그림 34

인공지능이 속아넘어갈 위험성은 높아지고 있는 건가요

정확도와 맞바꾼 견고성

머신러닝 모델의 정확도는 비약적으로 향상되었습니다. 2015년에는 벤치마크에서 이미지 인식 인공지능이 사람의 능력을 뛰어넘는 것을 보여 주었으며, 이후로도 정확도는 계속해서 향상되고 있습니다. 하지만 최근 IBM의 연구에서는 이런 고성능 인공지능이 정확도는 향상된 반면, **견고성**Robustness이 취약해진 게 아닌가 하는 문제가 제기되었습니다.

그림 35의 그래프에서 세로축에는 '그 인공지능 모델이 얼마나 견고한지' 평가한 결과를, 가로축에는 인공지능의 정확성(성능)을 측정한 결과를 나

타내고 있습니다.

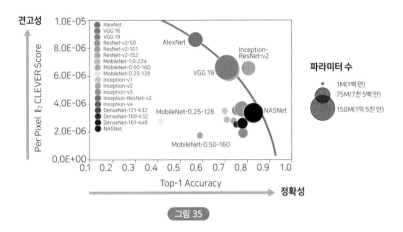

그림 35

그림 35에서 최신 모델은 성능이 높아지고(우측으로 진행) 있지만, 그와 동시에 견고성은 떨어지고 있습니다(아래로 이동). 갈수록 성능이 향상되고 있는 딥러닝 모델도 그 이면에서는 외부의 공격에 취약해지고 있는 것으로 나타났습니다.

이는 올바른 데이터를 입력했을 때는 기대하는 성과를 올릴 수 있지만, 나쁜 의도를 갖고 계획적으로 만들어진 데이터가 입력되면 인공지능이 쉽게 속아 넘어가 버려서 악의를 가진 사람이 의도하는 대로 동작한다는 것을 의미합니다.

인공지능을 속이기 위한 목적으로 조작된 교통 표지판을 통해 자율 주행 자동차를 오동작시키는 것이 가능합니다. 이렇듯 인공지능의 성능은 실용성이나 겉으로 보이는 수치가 아니라 여러 가지 면을 고려해서 판단해야 한다는 것을 알 수 있습니다.

인공지능도 사람을 속이기 시작했다

지금까지는 '인공지능을 속이는 것', '인공지능이 속아 넘어 가는 것'에 대한 위험을 살펴보았습니다. 한편 인공지능이 진화함에 따라 '사람이 인공지능을 악의적으로 사용하는 경우' 역시 엄청난 속도로 확산되고 있어 사회적으로 문제가 되고 있습니다. 이와 관련하여 새롭게 대처해야 할 과제가 된 '인공지능이 사람을 속이는 것'에 대해 설명하겠습니다.

인공지능을 사용하는 사람과 그 인공지능은 같은 편일까요

기술은 사용하는 사람에 따라 좋은 일에 쓰일 수도 있고 나쁜 일에 쓰일 수도 있습니다. 누구나 최신 인공지능 기술을 사용할 수 있다는 것은 나쁜 의도를 갖고 있는 사람의 손에도 넘어갈 수 있다는 것을 의미합니다. 따라서 인공지능을 사용한 범죄의 발생 가능성도 높아졌습니다. 예를 들어, **딥페이크**deepfake라는 기술을 사용하면 얼굴을 서로 교체해서 실제 존재하지 않는 사람의 영상을 실감나게 만들 수 있습니다(그림 36 참고).

2018년에 유튜브에서 오바마 전 대통령이 '트럼프 대통령은 바보다'라고 말하는 동영상이 공개되었습니다. 인공지능 악용의 위험성을 알리기 위해 일부러 만든 가짜 영상이라고 판명났지만, 가짜와 구별하기 어려울 정도로 진짜 같아서 큰 소동이 벌어졌습니다. 이러한 영상의 합성이나 가공은 몇십 년 전부터 있었지만, 이전까지는 할리우드에서 활동하는 영상 편집 전문가들을 제외하고는 사람을 속일 정도의 가짜 영상을 만들 수 없었기 때문에 큰 문제가 되지는 않았습니다. 하지만 딥페이크는 프로그램이 오픈소스로 공개되어 있어서 악용되기가 더욱 쉽습니다.

2019년 8월 30일에는 중국에서 이 딥페이크 기술을 사용한 **자오**Zao라고 하는 스마트폰 앱이 출시되어 파문을 불러일으켰습니다. 중국의 대표적인 데이트 앱 모모Momo의 개발사가 만든 이 앱은 사용자가 업로드하는 셀피 영상(셀카 비디오)의 얼굴을 인기 영화나 뮤직비디오에 등장하는 셀럽의 얼굴로 바꾸거나, 여러 가지 동영상에 자기 자신이 나오도록 합성하는 것을 가능케 했습니다. 이는 인공지능의 최신 기술이 순식간에 연구 개발 분야를 벗어나 소비자 시장으로 확산된 사례입니다.

또한, 월스트리트 저널은 2019년 8월에 딥페이크를 이용한 보이스 피싱에 대해 보도한 바 있습니다. 내용에 따르면 한 영국 회사는 독일에 있는 본사의 상사로부터 전화를 받고 급히 헝가리에 22만유로(약 2억 9455만원)를 송금하라는 지시를 받고 그에 따랐다는 것입니다.[14] 얼마 후 그것이 사기이며, 그 전화는 딥페이크에 의한 음성 합성이었다고 밝혀졌습니다.

---

14 옮긴이 https://bit.ly/3KaJCI9 또는 https://bit.ly/31VUAQz

이처럼 앞에서 언급한 인공지능을 의도적으로 오인식시키는 기술을 포함한 오픈소스로 된 개발 환경은 항상 악용될 위험성이 존재한다는 것을 염두에 두어야 합니다.

인공지능이 저지르는 범죄는 인공지능이 단속한다

뉴욕 주립 대학교 알바니University at Albany, State University of New York의 **시웨이류**Siwei Lyu 교수 연구팀은 딥페이크 기술을 통한 가짜 영상의 결함을 발견하는 연구를 진행 중입니다. 딥페이크 알고리즘이 생성하는 영상이 매우 사실적이지만, '눈을 깜빡이는 동작'만큼은 자연스럽지 않다는 것을 발견했습니다. 분석을 계속한 결과, 영상이 가짜인지 진짜인지 인공지능이 판별할 수 있게 되었다고 합니다.

그런데 문제는 이 해석 기법에 대항하기 위해 딥페이크 영상의 눈 깜빡임을 개선하는 것이 그리 어려운 일이 아니라는 것입니다. 영상 해석이나 사물 인식 인공지능을 의도적으로 오인식시키는 방법이 있는 것과 마찬가지로, 이들은 이제 방어와 공격 기법이 서로 엎치락뒤치락하는 관계가 되었습니다.

미국의 메타(구 페이스북)는 2019년 9월에 이러한 사태를 인식하고 딥페이크를 검출하는 툴의 개발을 촉진하기 위해 **DFDC**Deepfake Detection Challenge **(딥페이크 식별 챌린지)**라는 대회를 설립해서 후원하고 있습니다. 여기에 마이크로소프트와 MIT(매사추세츠 공과대학교)가 협력한다고 합니다.[15] 앞으로 인공지능이 저지르는 범죄를 인공지능이 감시하고 단속하는 시대가 오고,

---

15   https://bit.ly/3tpPN5j

이 엎치락뒤치락하는 관계가 앞으로도 지속될 것은 불가피해 보입니다.[16]

딥페이크 기술의 순기능

딥페이크 기술의 바람직한 활용 사례를 하나 소개하겠습니다. generated. photos라고 하는 웹사이트에는 인공지능이 만든 얼굴 사진이 260만 종 이상 공개되어 있습니다(2022년 3월 기준).

진짜 사람과 구별하기 어려운 사진이지만, 모두 인공지능이 만들어 낸 가상의 인물 사진입니다. 이 웹사이트는 요금 정책에 따라 저작권을 차등 적용해서 사진을 제공하고 있습니다(사진을 사용하려면 저작권 확인이 꼭 필요합니다). 다만, 누군가 마음만 먹으면 악용도 가능할 수 있다는 것이 우려되긴 합니다.

이것만은 알아 두세요!

- 입력 데이터에 인간이 식별할 수 없을 정도의 노이즈를 추가해서 인공지능을 속이는 기술도 존재한다.
- 인공지능이 속는 것은 경험 손실과 기대 손실의 차이가 원인이다.
- 공격 논문과 방어 논문은 서로 엎치락뒤치락하는 관계다.
- 오늘날의 인공지능 모델의 성능은 향상되었지만, 견고성이 취약하다는 연구 결과가 있다.
- 오픈 사이언스에 의해 인공지능이 악용될 위험도 높아졌다.
- 가짜 데이터 생성 기술의 진화에 의해 가짜의 판별이 더욱 어려워지고 있다.

---

16   https://bit.ly/3trncN9 또는 https://bit.ly/3FrgqZW

인공지능이 사람을 차별한다는 게 사실인가요

안타깝게도 사실입니다. 인간의 의도와는 다르게 무심코 차별성까지 학습하게 되고, 인간도 그것을 자각하지 못한 채 인공지능을 믿어 버릴 수 있습니다.

인공지능이 사회적으로 신뢰받기 위해 필요한 두 번째 조건입니다.

- 견고성Robustness
- **공정성**Fairness
- 설명 책임Accountability
- 재현성Reproducibility

이번 문제는 **공정성**Fairness으로, 반대되는 개념으로는 **편향성**Bias이 있습니다.

인공지능이 일으키는 성차별

아마존은 채용 활동을 위한 인공지능 시스템 개발에 몰두하고 있었습니다. 그런데 이 인공지능이 여성을 차별하고 있는 것으로 드러났다고 2018년에 로이터 통신이 보도했습니다.[17] 이런 폐해가 발견되어 아마존은 결국 해당 시스템 개발을 폐기했습니다.[18] 이 서비스는 과거에 채용된 사람과 채용되지 않았던 사람의 이력서로부터 학습을 실시하고 새로운 수험자의 이력서의 정보를 입력했을 때, 그 사람을 채용해야 하는지 여부에 대한 판단을 내리는 서비스입니다.

그렇다면 성차별을 하는 인공지능은 어떤 것이고, 어째서 그런 일이 일어나게 된 것일까요?

인공지능이 차별적이란 것은

자동 채용 인공지능에 성차별이 존재한다는 것은 **성별을 제외한 다른 조건이 동일한 경우, 남성과 여성의 합격률에 결정적인 차이가 있는 상태**를 말합니다. 예를 들면 그림 37의 히스토그램에서 가로축은 어떤 사람이 구직 활동으로 취업에 성공할 확률, 세로축은 취업에 성공한 사람이 몇 명일까 하는 것을 나타냅니다.

차별적인 인공지능은 여성이라는 것만으로 취업할 확률이 남성에 비해서 현저히 낮아진다는 것을 알 수 있습니다. 한편, 공평한 인공지능은 성별에 의한 차이가 없다고 판단하고 있습니다.

---

17 https://reut.rs/3yHAdCE
18 https://news.mt.co.kr/mtview.php?no=2018101111173651011(또는 https://bit.ly/33aFTtL)

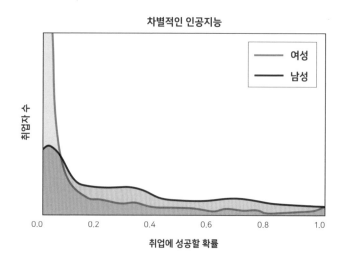

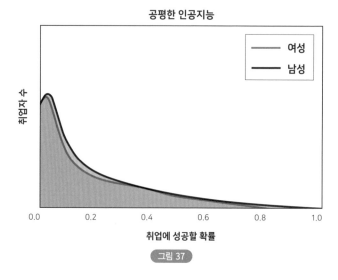

그림 37

이와 유사한 또다른 사례를 살펴보겠습니다.

미국 위스콘신 주 등에서는 판결과 관련한 여러 데이터로 피고인의 재범 가능성을 예측하는 **재범 예측 인공지능**[19]이 사용되고 있습니다. 이 인공지능은 피고로 하여금 여러 질문에 답하게 하고, 과거 범죄 데이터와의 대조를 통해 재범의 위험성을 10단계의 점수로 산출하는 것입니다. 그런데 여러 가지 사례로 검증한 결과 이 '재범 예측 인공지능'이 흑인에 대해 재범 위험이 높다고 예측하는 것으로 나타났습니다.[20]

원래 성별이나 인종 같은 조건이 예측 결과에 영향을 주어서는 안 됩니다. 남자라서 우수하다든가, 흑인이라서 재범 위험성이 높다든가 하는 인과관계는 존재하지 않습니다.

인공지능이 차별성을 갖는 것은 인간 탓

그런데 왜 이런 일이 생기는 것일까요? 중요한 건 **인공지능은 데이터를 통해서 차별을 배운다**는 점입니다. 조금 전의 사례에서는 구체적으로 '제출된 이력서의 남녀 비율보다 채용된 인재의 남녀 비율이 남성에 치우쳐 있었다' 또는 '재범을 저지른 사람들 중에 흑인의 데이터 건수가 많았다'라고 하는 것을 생각해 볼 수 있습니다.

인공지능은 단지 데이터를 통해 합리적이고 이성적으로 학습하기 때문에 단순히 남자라고 유리하다거나 흑인이라고 범죄를 저지르기 쉽다고 자의적으로 판단하지 않습니다. 하지만 애초에 **학습시키는 데이터세트에 인종이나 성별에 따른 차별이 포함된 편향된 데이터가 들어가 있고, 그것이 인공지능의 학습에 사용되면 그 가치관을 담은 모델이 만들어지게 됩니다.** 데이터는 어

---

19 https://www.propublica.org/article/machine-bias-risk-assessments-in-criminal-sentencing
    (또는 https://bit.ly/3qpsczF)
20 https://www.hankookilbo.com/News/Read/A2021011710540001780?did=NA(또는 https://bit.ly/3fjVsLj) 또는 https://stepi.
    re.kr/site/stepiko/report/View.do?reIdx=21&cateCont=A0204(또는 https://bit.ly/3Fq52xC 이 중 16~22쪽 내용) 참고

디까지나 현실의 일부를 잘라낸 것에 지나지 않다는 것을 보여 주는 예입니다.

왜 차별을 없애기 어려운가

이러한 차별적인 문제를 제거하기 어려운 데는 세 가지 이유가 있습니다.

데이터의 입수 곤란성

방금 전 채용 사례에서는 채용 결과의 데이터에 처음부터 남녀의 치우침, 즉 편향이 존재했던 것을 떠올릴 수 있습니다. 처음부터 채용된 사람들의 성별 구성 비율이 50 대 50으로 되어 있으면 그런 문제는 일어나지 않습니다. 하지만 그런 데이터세트를 만들려고 하면 타깃 중 수가 적은 쪽에 맞추느라 많은 쪽을 일부 삭제해야 할 일이 생기며, 그 결과로서 학습시킬 전체 데이터세트의 수가 줄어들게 되는 문제가 발생합니다. 게다가 인공지능이 학습할 수 있는 데이터가 줄어들면 그만큼 예측 정확도가 떨어지는 결과로 이어집니다.

숨겨도 들통나는 차별

그렇다면 성별을 모르면 인공지능도 남녀 차별적인 판단을 하지 않기 때문에 성별 정보를 학습에 사용하지 않으면 되지 않겠냐는 생각이 들 수 있습니다. 하지만 그것으로도 부족합니다. 예를 들면 중/고등학교의 동아리 활동 이력이나 좋아하는 가수 등의 데이터에서도 성별에 따른 차이가 암묵적으로 드러나기 때문입니다. 또한, 재범 예측 인공지능은 피고의 인적사항과 137가지 질문에 대한 대답(범죄 전과, 교육 수준, 거주 지역 등)을 근거로 판단을 내립니다. 여기에 피고의 인종과 관련한 정보를 사용하지 않는다면 인공지능이 판단을 내리기 위해 다른 민감한 정보(국민성, 사회적 이슈 등)를 필요로 할 위험성이 있습니다. 이를 통해 역으로 인종을 유추할 수도 있을 것입니다.

정확도를 유지할 수 있는가

오늘날의 인공지능을 논하는 데 있어 이런 편견에 대한 논란은 결코 빠지지가 않습니다. 특히, 인공지능을 인간에게 적용시키는(사용하는) 경우에는 반드시 해결해야 할 문제입니다. 범죄 예측 분야에서도 매장의 좀도둑 방지 등의 인공지능에 편견이 포함될 수 있다는 전제하에 신중히 운용해야 합니다.

'인공지능은 데이터를 통해 차별을 배운다'고 언급했듯이 **원래 차별이나 편견의 진정한 원인은 훈련시키는 인간에게 있습니다.** 그러나 주의해야 할 것은 인간이 원인이 되어서 생겨나고 있는 차별을 마치 인공지능의 문제로 인해 발생한 것처럼 왜곡하는 사람들이 있다는 것입니다. 인공지능을 자신을 비추는 거울로 보고 활용을 신중하게 추진했으면 하는 것이 저자로서의 바람입니다.

이것만은 알아 두세요!

- 데이터가 한쪽으로 편향된 경우, 인공지능은 이를 그대로 학습해 버린다.
- 사람에게 이러한 차별적인 모델을 적용하는 것은 매우 위험하다.

6-3

인공지능의 예측이나 결정을 믿을 수 있게 하려면 무엇이 필요할까요

결정에 도달한 근거를 설명하는 것이 필요합니다. 인공지능에게 설명을 요구한다는 것이 말이 안 되긴 하지만, 인공지능의 보급을 위해서는 간과할 수 없습니다.

세 번째 항목으로서 인공지능을 사회적으로 활용하려고 할 때, 사람의 신뢰를 얻기 위해 필요한 '설명 책임Accountability'에 대해 알아보겠습니다.

- 견고성Robustness
- 공정성Fairness
- **설명 책임**Accountability
- 재현성Reproducibility

필요성이 부각되고 있는 설명 책임

최근 머신러닝과 관련한 기술의 발전에 따라 복잡한 블랙박스와 같은 특성이 주목받으면서, 인공지능을 신뢰하기 어렵다는 우려의 목소리가 높아지고 있습니다.

'인공지능이 내린 결정을 의심 없이 그냥 믿으면 된다'는 태도는 현실적으로 쉽게 받아들여지지 않습니다. 이런 논의는 리스크가 높은 응용 분야에서 더욱 활발합니다. 의료, 금융 혹은 정치와 같은 분야에서는 인공지능의 판단에 대해 '왜 그렇게 판단했는가'라는 설명 책임이 특히 중시되고 있습니다.

톱 바둑기사를 이긴 알파고가 둔 수를 보면, 현재의 바둑 지식으로는 '왜 그 수를 두었는지' 알 수 없다고 합니다. 그럴 때 인공지능이 이유를 설명해 준다면 이해가 될 것입니다. 즉, **인공지능이 내린 판단의 근거나 이유를 사람이 이해하기 쉬운 형태로 얼마나 제시할 수 있느냐**가 인공지능에게 요구되는 설명 책임입니다. 설명 책임이 중요한 이유는 결국 인공지능을 신뢰하기 위함입니다.

우리나라는 2021년 5월에 과학기술정보통신부에서 발표한 '신뢰할 수 있는 인공지능 구현 전략'에 따르면 인공지능 신뢰성 확보를 위한 주요 요소로서 설명 가능성Explainability, 투명성Transparency 등을 언급하고 있습니다. 일본은 이와 유사한 취지로 총무성에서 인공지능 이용을 장려하고 이에 따른 리스크를 최소화하기 위해 2017년에 **국제적인 논의를 위한 인공지능 개발 가이드라인**[21]을 발표하였습니다. 거기에는 다음과 같이 **투명성의 원칙**과 **설명 책임**Accountability**의 원칙**이 포함되어 있습니다.

투명성의 원칙

개발자는 인공지능 시스템의 입출력 검증 가능성 및 판단 결과의 설명 가능성에 유의합니다.

---

21   https://www.soumu.go.jp/main_content/000499625.pdf(또는 https://bit.ly/3tQNPtp)

설명 책임의 원칙

개발자는 사용자를 포함한 이해관계자에게 설명 책임 의무를 이행할 수 있도록 노력합니다.

머신러닝이란 양날의 검

이런 논의가 지속되는 것은 **현대의 머신러닝은 설명 책임이 충분하지 않기 때문**입니다. 머신러닝(특히 딥러닝)은 결과를 도출하는 계산 과정이 매우 복잡해서 흔히 내부 구조를 알 수 없는 블랙박스라고 말합니다. 왜 이런 일이 생기는 것일까요?

애초에 머신러닝이 필요한 경우를 생각해 보시기 바랍니다. 규칙 기반 인공지능의 경우는 사람이 스스로 정의한 명시적이고 명확한 규칙으로 입출력 관계를 정의하고 있습니다. 하지만 그것으로는 대처할 수 없는 복잡한 작업이 있기 때문에 머신러닝이 필요한 것입니다. 즉, 이 규칙을 데이터의 입력과 출력으로부터 찾아내도록 자동화한 것입니다.

결국, '머신러닝이 필요한 케이스라는 것은 애초에 매우 복잡해서 명시적인 규칙으로는 자동화할 수 없거나 현실의 문제를 규칙화하기 어렵다'고 하는 것입니다. 그 말은 뒤집어 보면 **사람이 이해할 수 있는 형태의 규칙으로 풀 수 있다면 이미 오래 전에 해결이 됐고, 굳이 머신러닝을 사용할 필요도 없다**는 의미입니다.

머신러닝의 복잡성과 해석 가능성

머신러닝 모델 중에 단순한 모델일수록 해석 가능성이 높은 경향이 있습니다. 예를 들어, 어떤 사람의 신용카드 발급 심사 통과 여부를 결정하는 머신러닝 모델을 생각해 보겠습니다. 그리고 이 모델은 저축 금액과 수입만으로 결정된다고 가정합니다. 이 경우 입력이 저축 금액과 수입이며, 출력이 통과(○) 혹은 탈락(×)이기 때문에 내부에서 일어나고 있는 판단 과정을 알기 쉽습니다. 이것을 **해석 가능성**이라고 합니다. 다만, 신용카드 발급 심사 모델이 2개의 입력(변수)만 사용한다면 정확도는 기대만큼 올라가지 않을 수도 있습니다. 2개의 변수만으로 정확도가 올라가지 않는다면 여러 개의 변수를 사용해 좀 더 복잡한 모델을 만들어야 합니다. 그러나 여러 개의 변수가 얽혀 있으면 2차원이나 3차원으로는 표현할 수 없게 됩니다.[22]

머신러닝 모델의 설명 책임과 정확도 사이에는 자연스러운 트레이드오프 trade off[23]가 있습니다. 높은 정확도를 보여 주는 모델은 거대하고 복잡합니다. 단도직입적으로 말하자면 애초에 **머신러닝 모델에게 '어떤 규칙으로 그렇게 판단한 것인지' 내부적인 판단 구조를 설명하게 하는 것은 비상식적**입니다.[24]

> **이것만은 알아 두세요!**
>
> - 머신러닝이 필요하다는 것은 애초에 명시적인 규칙으로 만들 수 없다는 것이다.
> - 하지만 사회 전반적인 활용을 위해서 설명 책임이 요구된다.
> - 정확도를 높이려고 할수록 해석 가능성은 낮아진다.

---

22 https://zelros.medium.com/a-brief-history-of-machine-learning-models-explainability-f1c3301be9dc(또는 https://bit.ly/31VTX9F)
23 [옮긴이] 무언가를 얻으려면 반드시 다른 어떤 것을 희생하거나 포기해야 하는 관계
24 https://nautil.us/is-artificial-intelligence-permanently-inscrutable-5116/(또는 https://bit.ly/3tLd1kR)

인공지능은 어떻게 해서 예측이나 결정의 근거를 설명할 수 있을까요

어떤 질문에도 대답할 수 있는 인공지능이란 실현 불가능한 존재입니다. 인공지능에서 사용자를 납득시킬 수 있는 추가 정보를 얻어 내는 연구가 진행되고 있습니다.

인공지능에게 요구되는 설명 책임에 대해서는 크게 두 가지 방식이 있습니다. 하나는 **해석 가능성**Interpretability이며, 또 하나는 **설명 가능성**Explainability 입니다. 이 둘은 매우 비슷하고 종종 혼동되지만, 실제로는 전혀 다른 것으로 정의됩니다.

설명 가능성

실제로 예시를 들어 보겠습니다. 절지동물의 신체적 특징(다리의 수, 눈의 수, 날개의 수 등)을 입력으로 하여 그 절지동물이 무슨 종류인지 출력하는 인공지능을 생각해 보겠습니다. 다음 표는 해당 데이터입니다.

종류	다리의 수	침	눈의 수	눈의 구조	날개의 수
거미	8	없음	8	홑눈	0
장수풍뎅이	6	없음	2	겹눈	2
벌	6	있음	5	겹눈	4
파리	6	없음	5	겹눈	2

그리고 인간과 설명 능력이 있는 가상의 'XAI_{Explainable Artificial Intelligence}'와의 대화를 생각해 보겠습니다.

사람 어떻게 해서 이 이미지를 장수풍뎅이가 아니라 거미라고 판단한 건가요?

XAI 왜냐면 다리가 8개이기 때문입니다. 학습 데이터에서 거미는 8개의 다리가 있었습니다. 장수풍뎅이는 다리가 6개입니다.

사람 어째서 8개의 다리가 있다고 생각한 건가요?

XAI 세어 보니 8개였습니다. 그 부분을 강조 표시하겠습니다 (이미지의 다리 부분을 강조 표시).

사람 어떻게 거미는 8개의 다리를 갖고 있다는 것을 알게 된 건가요?

XAI 왜냐면 학습 데이터에서 8개의 다리를 갖고 있는 생물은 대부분 거미라는 레이블이 붙어 있었습니다.

사람 하지만 문어도 다리가 8개인데요. 왜 문어라고는 판단하지 않은 건가요?

XAI 왜냐면 학습 데이터에 문어라고 하는 레이블이 없었기 때문입니다.

인공지능이 이런 설명을 할 수 있다면 완벽합니다. 하지만 앞의 내용에서 보셨듯이 이런 인공지능을 만드는 게 얼마나 어려운지 아실 것입니다. 설명 가능성을 완벽하게 충족할 수 있는 인공지능_{Explainable AI}에게 요구되는 조건은 하나의 출력에 대해 인간의 사고 흐름을 되짚어 가면서 여러 질문에 대한 대답을 단계적으로 이어나갈 수 있는 것입니다.

즉, 인공지능이 결정을 내린 이유에 대해 단 하나의 문장으로 설명하는 것이 아니라, 그 과정에 대해 꼬리에 꼬리를 물고 이어지는 질문에 계속해서 대답할 수 있는 것을 말합니다.

인간의 의사결정도 마찬가지일 것입니다. '오늘 저녁밥은 왜 카레일까?'에 대한 대답은 '냉장고에 남은 재료에 따라 결정한 결과'일 수 있습니다. 하지만 이어서 '그렇다면 왜 스튜가 아닐까'라고 의문이 들지도 모릅니다. 왜 이럴까 하는 질문의 고리는 무한히 이어집니다. 아이들 중에서도 '왜?'라고 반복해서 질문하는 유형의 아이가 있습니다. 이런 질문에 계속 대답할 수 있는 인공지능을 **XAI**Explainable Artificial Intelligence라고 부르며, AGI와 마찬가지로 실현이 어려운 것으로 인식되고 있습니다.

해석 가능성

인공지능 학계에서도 설명 능력을 위한 연구가 활발하게 이루어지고 있습니다. 정보통신 분야 학술 데이터베이스에서 '인공지능'과 '설명'이라는 키워드를 포함한 논문 수를 보면, 2016년 즈음부터 관련 연구가 급증하고 있음을 알 수 있습니다.

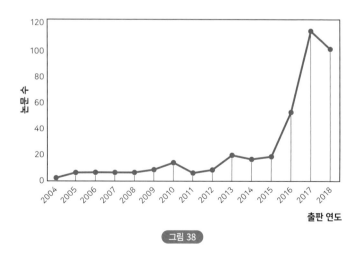

그림 38

하지만 앞서 본 것처럼 현재로서는 XAI를 만들 수 없습니다.

해석 가능성을 높이는 연구 사례

현재 실제로 이루어지고 있는 연구의 상당수는 해석 가능성을 어떻게 높일 것인가를 주제로 하고 있습니다. 예를 들어 이미지를 인식할 때 인공지능이 어떤 픽셀에 주목했는지, 혹은 문장이 긍정적인가 부정적인가 판정할 때 어떤 단어를 근거로 판정한 것인지 등을 밝히기 위해 노력하고 있습니다.

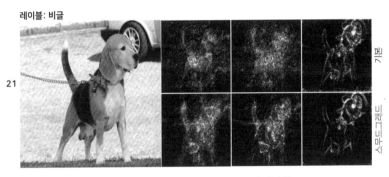

이미지에서 어디를 판단 기준으로 했는지 가시화

그림 39

그림 39에서는 인공지능이 개가 찍힌 사진의 어디를 주목해서(판단 기준으로) 개라고 판단했는지를 가시화하고 있습니다. 인공지능이 왼쪽 사진을 어떻게 보았는지 오른쪽 사진(위 3개)의 검은 바탕에 흰 점으로 표시하고 있습니다. 아래의 3개 사진은 스무드그래드SmoothGrad라고 하는 기술로, 이미지를 흐리게 하는 등의 처리를 해서 감도 맵sensitivity map을 작성하고 있습니다. 사람은 이를 통해 특징점이 타당한지 알 수 있습니다.

이런 기법으로 인해 인공지능이 틀렸을 때 어디에 주목하고 있었는지 명확해지고, 사람도 '배경 이미지의 이 부분에서 오인식이 있었구나'라는 것을 깨달을 수 있습니다.

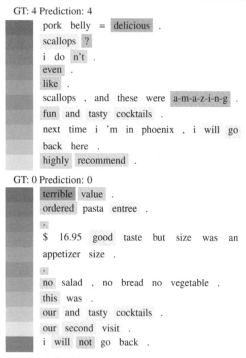

인공지능이 문장이나 단어의 어디에 주목해서 추론한 것인지 가시화

- 인공지능은 리뷰의 긍정도를 추정한다.
- 위쪽 그림에서는 delicious, amazing이라는 단어와 첫 번째 문장과 여섯 번째 문장을 중시하여 추론했다는 것을 가시화하고 있다.
- 아래쪽 그림에서는 terrible이라는 단어와 첫 번째 문장, 마지막 문장을 중시해서 추론했다는 것을 가시화하고 있다.

그림 40

그림 40은 문장의 긍정도(인터넷에서 댓글이 긍정적인가 부정적인가)를 인공지능에게 추론시킨 결과입니다. 중요하다고 여긴 부분을 짙은 색깔로 표시

해서 사람이 타당성을 판단할 수 있도록 하고 있습니다.

위쪽 예제는 delicious(맛있다)라든가 amazing(놀랍다)와 같은 단어와 함께 첫 번째와 여섯 번째 문장을 중요시하고 있음을 알 수 있습니다. 마찬가지로 아래쪽 예제에서는 terrible(끔찍한)이라는 단어와 함께 첫 번째와 마지막 문장을 중요시하여 추론한 것이 가시화되어 있습니다.

인공지능 학회에서는 이러한 방법들이 다양하게 제안되고 있으며, 여러 가지 경우에 대해서 인공지능의 판단 근거가 왜 그렇게 된 건지 사람이 해석할 수 있게 하기 위한 연구가 계속되고 있습니다. 6-3절에서 소개한 일본 총무성의 가이드라인과 같이 사회 전반적인 인공지능의 활용을 지향하는 데 있어서 요구되는 설명 책임은 이 해석 가능성에 해당한다고 생각됩니다. 그러나 거듭 말씀드리지만, 이 해석 가능성Interpretability은(변명처럼 들릴지도 모르지만) **본질적인 설명 능력을 만족하고 있지는 않습니다.**

머신러닝 모델이 판단 결과를 출력하는 데 있어서 무엇을 판단의 재료로 했는지는 알 수 있겠지만, '그럼 왜 그런 결론이 되었지?'라고 물으면 대답할 수 없기 때문입니다. 그럼 인공지능을 신뢰하려면 어떻게 해야 하는지 다음 절에서 알아보도록 하겠습니다.

> **이것만은 알아 두세요!**
> - 설명 가능성은 사람의 질문에 계속해서 대답할 수 있는 것이다.
> - 해석 가능성은 인간의 생각을 알기 쉽게 가시화한 것이지, 판단의 근거를 제시할 수 있는 것은 아니다.
> - 인간이 원하는 XAI는 실현 가능성이 매우 낮다.

6-5

인공지능의 예측이나 결정을 믿을 수 있게 하려면 설명 이외의 다른 방법도 있을까요

인공지능을 시험하는 테스트를 만들고 결과를 검증하는 방법이 있습니다.

6-4절에서는 **설명 가능성**Explainability과 **해석 가능성**Interpretability의 차이점을 살펴보았습니다.

사회 전반적인 활용을 위해서 인공지능의 설명 책임이 요구되는 현 상황에 대해 세계 최고의 연구자는 어떻게 생각하고 있을까요? 다음에 인용된 것은 딥러닝의 아버지로 불리는 **제프리 힌턴**Geoffrey Hinton의 의견입니다.

힌턴은 요슈아 벤지오Yoshua Bengio, 얀 르쿤Yann LeCun과 함께 'A.M. 튜링상 A.M. Turing Award'을 수상하였습니다. 튜링상은 '컴퓨터 과학 분야의 노벨상'이라고 불릴 정도로 권위 있는 상입니다. 2012년의 딥러닝 붐을 일으킨 ILSVRCImageNet Large Scale Visual Recognition Challenge(이미지넷 이미지 인식 대회)에서 우승팀을 이끈 것도 힌턴입니다. 다음은 《와이어드WIRED》 잡지에 실린 힌턴의 인터뷰 기사[25] 일부와 그것을 의역한 것입니다.

TOM SIMONITE **BUSINESS** DEC 12, 2018 12:14 PM

Google's AI Guru Wants Computers to Think More Like Brains

Google's top AI researcher, Geoff Hinton, discusses a controversial Pentagon contract, a shortage of radical ideas, and fears of an "AI winter."

 The AI Database →

"As a Google executive, I didn't think it was my place to complain in public about [a Pentagon contract], so I complained in private about it," says Geoff Hinton. **AARON VINCENT ELKAIM/REDUX**

그림 41

25 https://www.wired.com/story/googles-ai-guru-computers-think-more-like-brains(또는 https://bit.ly/wiredHinton)

저는 기술을 연구하고, 그 기술이 실제 작동되도록 하는 분야의 전문가이지, 사회 정책 전문가는 아닙니다. 다만 '인공지능 시스템이 어떻게 동작하는지 설명할 수 있어야 한다'고 당국이 규제해야 하는가라는 의문에 저의 기술적 지식을 토대로 대답한다면, 절대 안 될 일이라고 생각합니다.

사람들은 업무든 일상 생활이든, 그들이 하는 일 대부분은 구체적인 원리를 설명할 수 없습니다. 예를 들어 회사의 채용 심사에서 합격 여부에 대한 결정 근거는 각 입사 지원자마다 계량화할 수 있는 항목도 있지만, 구체적으로 설명하기 어려운 직감에 의존하기도 합니다. 이뿐 아니라 일상에서도 별다른 의식 없이 결정을 내리는 경우가 많습니다. 누군가가 왜 그런 결정을 내린 것인지 설명하라고 요구하는 것은 이야기를 억지로 지어 내라고 강요하는 것과 같습니다.

뉴럴 네트워크도 같은 문제를 안고 있습니다. 뉴럴 네트워크를 훈련시키면 훈련 데이터에서 추출한 지식을 나타내는 10억 개의 숫자가 학습됩니다. 이 학습 결과를 바탕으로 당신이 이미지를 입력하면 이것이 보행자인지 아닌지 판단합니다.

그러나 뉴럴 네트워크가 왜 그런 판단을 내린 건지 원인을 파악할 수는 없습니다. 컴퓨터가 이미지에 보행자가 포함된 건지 아닌지 판단하는 것은 간단한 규칙으로 불가능하기 때문입니다. 간단한 규칙으로 설명 가능하다면 굳이 뉴럴 네트워크를 사용할 필요도 없이 이미 몇 년 전에 그 문제는 해결됐을 것입니다.

(중략)

시스템이 어떻게 동작하는지 설명하도록 강요하는 것이 아니라 시스템이 어떻게 작동하는지에 근거해서 규제해야 합니다. 예를 들어 자율 주행 자동차의 경우, 이제는 사람이 어느 정도 받아들이고 있다고 생각합니다. 자율 주행 자동차가 어떤 원리로 작동하는 건지 모른다고 하더라도 사람이 운전하는 것보다 훨씬 사고가 적다면 그것으로 충분합니다.

힌턴의 이 발언에 동조하는 연구자도 있는 반면, '해석 가능성Interpretability 과 설명 가능성Explainability 둘 다 포기하는 것과 같다'고 비판하거나 회의적인 의견을 제시하는 연구자도 있습니다.[26]

시험 문제를 통해 무엇을 확인해야 할까

수학 선생님이 학생에게 삼각함수 문제를 하나 냈다고 가정하겠습니다. 그런데 학생 A군은 문제를 틀리고 말았습니다. 선생님은 A군과 대화를 통해 설명을 들으면서 왜 틀렸는지 알 수 있습니다. 이것이 설명 가능성 Explainability의 예입니다. 한편, 해석 가능성Interpretability은 A군이 어떻게 생각했는지 알아보기 위해 머리에 전극을 꽂아 뇌의 활동 상태를 분석하는 것이라고 할 수 있습니다.

둘 중 어떤 방법을 택해야 학생이 삼각함수 문제를 제대로 이해했는지 확인할 수 있을까요? 선생님이 학생의 이해도를 확인하기 위해서 해야 할 일은 뇌 속을 확인하는 게 아닌 **신중하게 변별력 있는 시험 문제를 만드는 것**입니다. 교과서를 무조건 외우기만 해서는 시험 문제를 풀 수 없도록 출제해야 합니다. 이게 인공지능에서 말하는 **기대 손실을 낮춘다**는 것입니다.

그 밖에도 인공지능을 인간 사회에 융화시키기 위해서 6-2절에 소개한 **편향성**bias의 문제처럼 남녀에 따른 차별이 존재하는 것은 아닌지 파악하는 것도 중요합니다. 또한, '인공지능을 속이는 기술'을 이용한 오작동이 발생하지 않는지 **견고성**을 체크할 필요도 있습니다.

---

26 https://www.forbes.com/sites/cognitiveworld/2018/12/20/geoff-hinton-dismissed-the-need-for-explainable-ai-8-experts-explain-why-hes-wrong/?sh=d0a6624756d3(또는 https://bit.ly/forbesHinton)

힌턴의 기사에서 '시스템이 어떻게 동작하는지를 기반으로 판단한다'는 것은 **다양한 테스트 케이스를 준비하고, 인공지능이 어떻게 동작하는지 관찰하는 것으로 해석하려는 자세**와 같습니다. 따라서 가까운 미래의 인공지능 트렌드는 테스트가 중요할 것입니다. 즉, 해석 가능성을 요구하는 것이 아니라 다양한 테스트 케이스와 체크 리스트를 준비하는 것이라고 할 수 있습니다.

> **이것만은 알아 두세요!**
>
> - 인간도 자신의 행동에 대한 설명 책임을 완벽히 완수하지는 못한다.
> - 인간이 실시할 수 있는 테스트 케이스와 체크 리스트를 충실하게 만들고, 그 결과를 신중하게 분석하는 기술이 요구된다.

CHAPTER

7

앞으로의 인공지능은
어떻게 될까요

7-1   인공지능이 감정을 갖게 된다는 게 사실인가요

7-2   인공지능이 인공지능을 만든다는 게 무슨 뜻인가요

7-3   인공지능끼리 바둑을 두면 어떻게 되는 건가요

7-4   인공지능은 어떻게 진짜 같은 가짜 영상을 만드는 걸까요

7-5   인공지능은 어떻게 불량품을 찾아낼까요

인공지능이 감정을 갖게 된다는 게 사실인가요

현재의 인공지능은 인간의 감정과는 다른 '감정스러운 것'을 가지고 있습니다.

캐나다 몬트리올 대학의 인공지능 연구자인 **요슈아 벤지오**Yoshua Bengio는 '인공지능이 감정을 갖게 될까?'라는 질문에 다음과 같이 대답했습니다.

미래에는 인공지능이 감정을 가질 수 있을 것입니다. 이미 딥러닝 시스템에 원시적인 감정이 포함되어 있습니다. 다만 그것은 두려움이나 기쁨 같은 원초적인 감정들에 불과한 반면, 인간의 감정은 사회적 교류와 관련된 풍부한 감정입니다. 그래서 인공지능이 사람 사이의 사회적 교류를 이해하지 못하는 한, 보다 세련된 감정을 갖는 것은 불가능하다고 생각합니다. 인공지능은 최종적으로 감정을 갖게 되겠지만, 그것은 인간과는 다른 감정일 것입니다. 왜냐하면 인공지능은 사회에서 인간과는 다른 역할을 가질 것이기 때문입니다. 개나 고양이를 생각해 보면 알 수 있습니다. 그들은 감정을 가지지만 사람과 같지 않습니다.

인공지능도 학습할 때 목적 함수로부터 자신이 행한 행동이 좋은지 나쁜지 시그널(신호)을 받을 수 있습니다. 칭찬을 받으면 그 행동을 강화시키고, 혼이 나면 그 행동을 억제한다는 건 어떤 의미에서 인공지능도 공포나 기쁨을 느낀다고 인간이 자의적으로 해석할 수 있습니다. 하지만 이것을 정말로 공포나 기쁨이라는 단어로 표현해도 될까요.

앞의 예에서 언급했듯이 개나 고양이도 감정을 가졌을 것입니다. 그러나 그것이 인간과 똑같은 감정의 구조는 아닐 겁니다. 그러므로 인간은 진정한 의미에서 개나 고양이의 감정을 이해하지 못합니다. 그 주된 원인은 사회적 교류의 방법(몸짓이나 손짓, 포옹 등의 신체적 대화나 인간과 같이 언어를 이용한 대화 등)이 다르기 때문입니다. 감정이라는 것은 사회적 교류 속에서 생겨납니다. 따라서 인공지능은 '감정스러운 것'을 갖고는 있지만, 인간의 감정과 같은 것이라고 할 수는 없습니다.

생물과 인공지능을 구분하는 3개의 축

감정이나 의식을 세 가지의 '복잡성complexity' 유형으로 구성하는 모형이 스페인 바르셀로나의 연구기관인 'IBECInstitute for Bioengineering of Catalonia'의 세레스 아르시왈라Xerxes D. Arsiwalla 등이 발표한 〈의식의 형태 공간The Morphospace of Consciousness〉이라는 논문을 통해 제안되었습니다.

자율성(Autonomy)
누군가가 명시적으로 목표를 부여하지 않아도 스스로 행동을 선택할 수 있는 능력입니다.

계산성(Computational)

해결해야 할 일이 생겼을 때 그것을 해결하는 능력입니다.

사회성(Social)

같은 종류의 생물과 소통하며 혼자서는 할 수 없는 것을 가능하게 하는 능력입니다.

그림 42는 이 3개의 축을 바탕으로 다양한 생물을 배치한 것입니다.

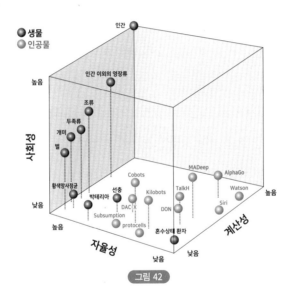

그림 42

인간은 3개의 축 모두 정상에 위치해 있습니다. 새, 두족류(낙지 등), 개미, 벌은 계산성은 낮지만 자율성과 사회성이 높습니다. 이들은 페로몬이나 궤적을 통해 상대방에게 먹이 위치 같은 것을 알려 줄 수 있습니다.

한편, 시리Siri나 왓슨Watson 같은 인공지능은 계산성은 높은 반면, 자율성이나 사회성이 매우 낮은 것을 알 수 있습니다. 지금까지 살펴본 인공지능의 구조를 생각하면 알 수 있듯이 이런 인공지능은 인간에 의해서 미리 주어진 작업을 수행하도록 훈련된 것일 뿐, 다른 능력은 가지고 있지 않습니다.

고도의 감정을 가지고 있는 생물은 대체적으로 사회성 축에서 높은 영역에 위치해 있습니다.

사회성을 손에 넣은 인공지능

사회성이 높은 생물은 '감정'을 가지고 있습니다. 반면 인공지능은 아직 원시적인 감정을 갖는 수준에 머물러 있지만, 앞으로는 발전되어 나갈 가능성이 있습니다.

7-2절 이후에 설명할 인공지능은 최근 들어 더욱 활발한 연구가 이루어지고 있는 사회성을 가진 인공지능입니다. 서로 협력하고 하나의 목표를 달성하기 위해 행동하거나 서로 경쟁하면서 발전해 나가는 인공지능에 대해 설명합니다. 이것은 어떻게 보면 사회성을 지니고 있는 인공지능이며, 앞서 나온 가설에 근거하면 '보다 고도의 감정'을 갖고 있을지도 모르는 인공지능입니다.

> **이것만은 알아 두세요!**
> - 현재의 인공지능은 감정과 비슷한 것을 갖고 있지만, 사람의 감정과는 다른 것이다.
> - 앞으로의 인공지능은 사회성을 가지며, 보다 고도의 감정 표현이 가능하게 될지도 모른다.

인공지능이 인공지능을 만든다는 게 무슨 뜻인가요

인공지능을 만들 때 필요한 과정의 일부를 인공지능에게 맡기는 것을 말합니다. 사람이 만든 인공지능보다 뛰어난 성능을 보여 주는 사례도 있습니다.

최근 엄청난 기세로 주목을 받고 있는 연구 분야가 있습니다. **AutoML**이란 것으로, 한마디로 말하면 인공지능이 인공지능을 만들도록 하자는 것입니다.

전문성이 요구되는 인공지능 설계

인공지능이 인공지능을 만들다니 어떻게 된 일일까요? 인공지능을 만드는 과정에서 사전에 정해야 하는 두 가지가 있습니다.

1. 인공지능에게 무슨 일을 시키고 싶은지(목적 함수)
2. 인공지능의 아키텍처(알고리즘의 종류)

첫 번째 항목은 당연히 사람이 정의해야 하지만, 두 번째 항목은 자동화를 시도해볼 수 있습니다. 실제로 어떤 하나의 작업을 수행하려면 여러 가지 아키텍처나 알고리즘 가운데 선택해야 하는 경우가 많습니다.

ILSVRCImageNet Large Scale Visual Recognition Challenge라고 하는 이미지 인식 대회에서는 동일한 데이터세트에 대해서 다양한 알고리즘이나 딥러닝 아키텍처가 제안되면서 해마다 정확도가 향상되고 있습니다. 2015년에는 드디어 사람의 벤치마크를 넘어섰습니다.

이로 인해 인공지능의 내부는 자동으로 설정된다고 자칫 착각하기 쉬운데, 무슨 일이 있어도 사람이 설정해야 하는 부분이 존재합니다. 이것을 **하이퍼파라미터**hyperparameter라고 부릅니다. 예를 들어, 딥러닝에서는 층layer의 깊이나 뉴런의 수 등이 해당됩니다. 좀 더 비유하자면 인공지능의 설계도 같은 것으로서, 학습하는 방법은 같더라도 이 하이퍼파라미터가 다르면 인공지능의 퍼포먼스도 달라집니다.

이런 하이퍼파라미터는 인공지능이 학습할 수 없는 것으로서, 전문 엔지니어가 성능을 향상시키기 위해 방대한 실험을 통해 얻은 지식, 경험, 감각 등을 기반으로 시행착오를 거듭하면서 찾아내고 있습니다.

인공지능이 만드는 인공지능은 인간이 만드는 것보다 고성능

이러한 전문 인력이 필요한 작업을 기술로 해결할 수 없을까 하는 의문은 오래 전부터 존재했습니다. 그 방안으로 구글은 2018년 **AutoML**이라는 기술을 발표했습니다. 이름 그대로 머신러닝 과정에서 아키텍처나 하이퍼파라미터의 결정을 위해 시행착오를 반복해야 했던 작업을 자동화하는 도구입니다.

① 자식 인공지능 생성　② 학습

③ 정확도 보고

그림 43

AutoML의 새로운 점은 두 인공지능을 동시에 학습시킨다는 점입니다. 인공지능의 하이퍼파라미터나 아키텍처를 제안하는 '부모 인공지능'과 이 '부모 인공지능'에 의해 생성된 기존 방식의 인공지능인 '자식 인공지능'이 있습니다. AutoML의 학습 사이클은 다음과 같습니다.

❶ 부모 인공지능이 자식 인공지능을 생성한다.
❷ 자식 인공지능이 데이터세트를 학습한다.
❸ 자식 인공지능의 학습 결과를 부모 인공지능에게 전달한다.
❶ 부모 인공지능은 그 피드백을 바탕으로 새로운 자식 인공지능을 생성한다.
❷ 새로운 자식 인공지능이 그 형태로 학습한다.
　　　:

'부모 인공지능이 학습하는 시그널'은 '자식 인공지능이 보여 주는 정확도'가 됩니다. 부모 인공지능이 제안한 하이퍼파라미터나 아키텍처에 의해 자식 인공지능의 정확도가 높아지거나 낮아지는 사이클을 반복하면서 부모 인공지능은 어떤 구조를 선택해야 정확도가 높아지는지 차츰차츰 학습해 나갑니다.

여기서는 부모 인공지능과 자식 인공지능이라는 두 인공지능이 역할을 분담해서 각각 다른 작업을 풀어 나가고 있음을 알 수 있습니다. 거시적으로 보면 하나의 인공지능이지만, 내부적으로는 두 인공지능이 사회적 관계를 가지고 하나의 목표를 향해 가고 있는 셈입니다.

2019년에 발표된 논문에서 **EfficientNet**이라고 불리는 이미지 인식 인공지능은 앞서 설명한 것과 같은 구조로 되어 있습니다. 인공지능에 의해 만들어진 고성능 인공지능입니다. 그림 44는 지금까지 사람이 설계한 아키텍처와 EfficientNet의 성능 비교입니다.

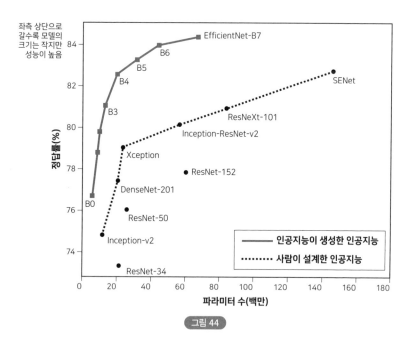

그림 44

세로축은 정확도이며 가로축은 파라미터 수(적을수록 계산 효율이 좋음)를 나타냅니다.

EfficientNet은 뉴런이나 계층의 크기에 따라 8종류(B0~B7)가 있으며, 그래프상에 각각 선으로 연결되어 있습니다. 이 선은 정확도에서도, 계산 효율에서도 인간이 지금까지 만들어 온 모델보다 상위에 있습니다. 인공지능이 인공지능을 만드는 모델은 정확도와 속도, 둘 다 사람이 지금까지 지식을 총동원해 설계한 것보다 뛰어난 것을 알 수 있습니다.

인공지능의 민주화와 엔지니어에게 요구되는 가치 변화

이 기술은 이미 실용화 단계에 들어섰습니다. 예컨대 구글의 서비스를 이용하기만 하면 우리는 일류 데이터 과학자가 만든 것과 동급의 모델을 얻을 수 있습니다. 이제까지 **전문 지식이 있어야 가능했던 각종 튜닝이나 아이디어가 승패를 좌우하는 아키텍처의 선택을 인공지능에게 맡겨야 하는 셈**이 된 것입니다. 오늘날 사람이 하는 일의 일부는 인공지능에게 빼앗길 것이라고 알려져 있는데, 숙련된 인공지능 엔지니어가 하던 일조차도 일부는 인공지능으로 대체되고 있는 것입니다.

물론, AutoML이나 EfficientNet 같은 학습 기법도 완벽하다고 할 수는 없습니다. 무엇보다 엄청난 컴퓨팅 자원이 필요하다고 알려져 있습니다. 그런 의미에서 앞으로 인공지능 엔지니어에게 요구되는 것은 데이터 과학자로서의 역량일 것입니다. 이 데이터에서는 이러한 가치가 창출될 수 있고, ○○를 알고 싶은 경우는 ×× 데이터가 필요하며, 컴퓨팅 자원이나 예산을 고려할 때 최적의 기법은 무엇인가와 같은 컨설팅에 가까운 능력이 요구될 것입니다.

실전에서 성능을 증명한 AutoML

AutoML의 보급은 앞으로도 계속해서 가속도가 붙을 것입니다.

캐글Kaggle이라고 하는 데이터 분석 공모전에서 실력 있는 데이터 과학자들이 경합을 벌이며 다양한 알고리즘을 제안했는데, 그 알고리즘으로 만든 인공지능과 AutoML이 만들어 낸 인공지능으로 정확도를 겨룬 결과가 공개되어 있습니다. AutoML과 전 세계 데이터 과학자들의 정확도 비교 진검 승부라고 할 수 있습니다.

2019년에 열린 KaggleDays 이벤트[27]에서 8시간 30분에 걸쳐 진행된 공모전을 통해 최대 3명으로 구성된 팀 74개 조와 AutoML 간에 승부를 결정지을 기회가 생겼습니다. 일련의 자동차 부품에 대한 소재의 특성과 테스트 결과 정보가 주어지면, 그것을 바탕으로 제조의 결함을 예측하는 과제였습니다. AutoML은 최종적으로 2위를 차지했으며, AutoML의 정확도는 이미 인간과 동등하거나 그 이상인 것이 확인되었습니다.

블랙박스화를 더욱 촉진시키는 자동화

그러나 부모 인공지능이 자식 인공지능을 생성하는 방식의 구조가 장점만 있는 것은 아닙니다. **인공지능의 블랙박스화를 더욱 가속화**시키기 때문입니다. 왜 그런 아키텍처를 선택해야 하는지, 왜 그런 성능을 낼 수 있는지 해석할 수 없습니다. 이것은 어떤 의미에서 해석 가능성을 요구하는 현재의 추세를 역행하는 것이라고 할 수 있습니다. 그만큼 인공지능 내부에서 무슨 일이 일어나고 있는지에 대한 해석 가능성은 점점 낮아지고 있는 것입니다.

---

27 https://kaggledays.com/

- 인공지능이 학습해야 하는 대상이 무엇인지, 그리고 모델 아키텍처가 어떤 종류인지에 따라 설정이 필요한 파라미터가 있다.

- 모든 파라미터를 테스트하는 것보다 알고리즘으로 자동화해서 추출하는 것이 성능이 높은 경우가 등장하고 있다.

- 그 결과, 기존에 인간이 만든 것보다 뛰어난 성능의 인공지능이 만들어지게 되었다.

인공지능끼리 바둑을 두면
어떻게 되는 건가요

서로 이기고 지는 것을 반복하며 실력을 갈고 닦아 결국 더
강해졌습니다. 프로 바둑기사보다 더 강한 인공지능이 탄생했습니다.

인간은 서로 돕고 격려하며 학문이나 인격을 갈고 닦는 절차탁마切磋琢磨[28]
를 통해 성장해 갑니다. 인공지능에서도 비슷한 일이 일어나고 있습니다.
각각의 두 인공지능이 '경쟁'이라고 하는 상호적 관계를 통해 발전한 사례
를 소개하겠습니다.

2017년에 구글 산하의 딥마인드DeepMind에 의해 발표된 바둑 인공지능인
알파고 제로 AlphaGo Zero는 학습에 과거의 기보 데이터를 사용하지 않고서도
톱 바둑기사에게 압도적인 승리를 거두었습니다.

---

28 옮긴이 옥이나 돌 따위를 갈고 닦아서 빛을 낸다는 뜻으로, 부지런히 학문과 덕행을 닦음을 이르는 말.

인공지능에게 절차탁마란

바둑 인공지능은 바둑판 전체에 놓인 돌의 배치를 입력하면, 다음에 돌을 어디다 둘 것인가를 출력하는 인공지능입니다. 학습 구조는 **강화 학습** 모델을 기반으로 하고 있습니다.

강화 학습은 그림 45와 같은 방식으로 학습을 실시합니다. 이른바 '정답'은 주어지지 않으며, 선택한 각각의 행동에 해당하는 보상이 주어지고, 그것이 최대가 되도록 학습을 실시하는 구조입니다. 바둑 인공지능에서는 마지막에 이겼는지 졌는지의 여부에 따라 보상이 결정됩니다.

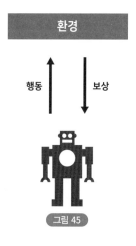

그림 45

그러면 알파고 제로의 학습 방법에 대해 설명하겠습니다. 먼저 학습시킬 2개의 인공지능을 준비하겠습니다. 가장 중요한 것은 상호 간에 번갈아 가면서 학습을 실시한다는 점입니다.

우선 한쪽 편의 인공지능이 일련의 대국을 실시하고 최종적으로 승패에 따라 자신의 행동 전략을 변화(학습)시킵니다. 이 승패 결과는 다른 편(인공지능2)의 학습에는 사용되지 않고 인공지능1만 학습시킵니다. 이 과정이 끝나면 이번에는 인공지능2를 학습시킬 차례입니다. 동일하게 대국을 실시하고 승패에 따라 행동 전략을 변화시킵니다.

❶ 인공지능1 VS 인공지능2
❷ 인공지능1이 학습
❸ 학습전(부모) 인공지능1 VS 인공지능2
❶ 인공지능2가 학습
　　　:

이렇게 대국과 학습을 번갈아 수행하면서 점점 성능이 향상됩니다. 이 과정을 계속 반복하면 뛰어난 능력을 가진 인공지능을 얻게 됩니다. 학습 프로세스에서 사람의 개입은 불필요합니다. 이런 구조를 **자가 대국(또는 자가 학습, self-play)**이라고 합니다.

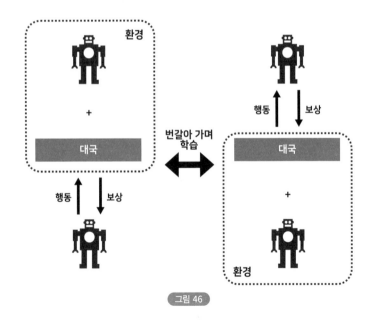

그림 46

인공지능에게 바둑을 배우는 톱 바둑기사

알파고 제로는 사람으로부터 사전 지식이 주어지지 않으며 최초에는 랜덤random, 즉 무작위로 바둑돌을 놓습니다. 그런 식으로 스스로 대국을 실행하고 학습하면서 결국에는 프로 기사에게도 이길 수 있는 능력을 손에 넣었습니다. 실제로 사람과 대국 중에는 현재 바둑 정석으로 보자면 소위 말하는 '악수惡手'도 많이 두었다고 합니다. 그럼에도 불구하고 최종적으로는 인공지능이 승리를 거두는 장면이 연출되었습니다.

6장에서 설명했듯이 현재의 바둑 인공지능은 왜 그 수를 두었는지 설명하지 못합니다. 도대체 어떤 결과를 예상하고 둔 건지 인간이 해석하지 못하고 있는 것입니다. 최근에는 반대로 바둑계에 변화의 물결이 일어나고 있으며, 바둑 인공지능이 둔 기보나 수수께끼 같은 수를 사람이 공부하는 일도 일어나고 있다고 합니다. 인공지능이 한 행동의 결과를 관찰한 뒤 그에 맞추어 인간이 해석 가능성을 부여하려는 것입니다.

> **이것만은 알아 두세요!**
> * 인공지능 바둑기사의 자가 대국에 의한 학습은, 인간이 처리할 수 없는 레벨의 패턴 학습을 가능하게 한다.

인공지능은 어떻게 진짜 같은 가짜 영상을 만드는 걸까요

가짜 영상을 만드는 인공지능과 가짜 영상을 간파하는 인공지능을 적당한 밸런스로 경쟁하게 하면 진짜 같은 영상(딥페이크)을 만들 수 있습니다.

2014년에 이안 굿펠로Ian Goodfellow에 의해 **GAN**Generative Adversarial Network이라는 기법이 제안되었습니다. 우리말로 **생성적 적대(대립) 신경망**이라고 할 수 있습니다. 이것은 인공지능을 인공지능과 경쟁시켜서 성능을 향상시키는 기법 중 하나이지만, 7-3절과 같은 대등 관계가 아닌 적대 관계로 실시한다는 차이가 있습니다.

메타(구 페이스북)의 인공지능 연구소장인 얀 르쿤Yann LeCun은 GAN을 '머신러닝에 있어서 지난 10년 동안 가장 재미있는 아이디어'[29]라고 표현했습니다. 굿펠로는 2017년에 MIT 테크놀로지 리뷰[30]에서 IT 기술에 혁신을

---

29 https://www.kdnuggets.com/2016/08/yann-lecun-quora-session.html
30 https://www.technologyreview.com/

가져온 인물을 선출하는 '35세 이하의 젊은 혁신가 35명'[31] 중 한 명으로 선정되기도 했습니다.

인간은 구별할 수 없는 인공지능이 만든 가짜

우선 GAN을 통해 무엇을 할 수 있는지 알아봅시다. 그림 47은 GAN을 기반으로 한 기술(BigGAN)로 만들어진 이미지 데이터입니다. 이 이미지는 인공지능이 만들어 낸 것으로, 실제로 존재하지 않습니다. 이처럼 진짜로 착각할 만한 수준의 이미지를 만들 수 있습니다.

그림 47

GAN의 구조

위조자 인공지능과 경찰 인공지능

굿펠로는 GAN의 구조에 대해 다음과 같이 이해하기 쉽게 설명하고 있습니다.

---

31   https://www.technologyreview.com/lists/innovators-under-35/2017/inventor/ian-goodfellow/
      (또는 https://bit.ly/33wbgP6)

GAN은 위조지폐범과 그것을 단속하는 경찰의 관계에 비유할 수 있습니다. 위조지폐범이 진짜와 똑같은 위조지폐를 만드는 능력을 향상시켜 나가면, 경찰은 점점 수준이 높아지는 위조지폐를 확실하게 판별하는 능력을 향상시키는 구조입니다.

GAN은 **생성자**Generator와 **판별자**Discriminator라는 각각의 (독립된) 학습 모델을 사용합니다. 즉, 앞서 나온 예시의 위조지폐범과 경찰은 생성자와 판별자의 관계가 됩니다.

그림 48

2개의 상반된 목적 함수

이 경쟁 관계의 두 학습 모델은 서로 독립해서 학습하게 됩니다. 예를 들어, 한쪽이 가짜 이미지를 찾아내는 능력을 높이려 한다면 다른 한쪽은 들키지 않기 위해 가짜를 만들어 내는 능력을 높이려는 것입니다.

경찰 인공지능(판별자)의 목적 함수는 다음과 같습니다.

- 입력이 이미지 데이터세트에 포함된 진짜 이미지인지, 별도로 생성된 가짜 이미지인지를 구분한다.

다음은 위조지폐범(생성자) 인공지능의 목적 함수입니다.

- 경찰 인공지능을 속인다(자신이 만든 것이 가짜라는 걸 들키지 않는다).

즉, 양쪽이 상반된 학습을 하고 있습니다. 그리고 각각 동시에 학습을 실시합니다. 이 관계에서는 각각 학습을 동시에 시작한 시점부터 서로의 피드백을 바탕으로 경쟁하는 것으로 상호 간 정확도를 높여 갑니다.

위조지폐범 인공지능은 학습을 진행하면서 경찰 인공지능을 속일 수 있는 이미지를 생성하는 능력을 발전시켜 나갑니다. 한편, 그에 따라 경찰 인공지능도 진짜와 가짜를 구별하는 능력이 점점 높아지게 됩니다. 어느 한쪽이 상대를 압도적으로 능가하지 않을 정도의 균형을 유지하면서 학습을 진행시키면, 사람도 구별해 내기 어려운 사실적인 이미지가 생성됩니다. GANGenerative Adversarial Network이 '생성적 적대 신경망'이라고 번역되는 것도, 이러한 경쟁을 의미하는 것입니다.

인공지능은 어떻게 불량품을 찾아낼까요

생성자와 판별자 인공지능을 만들고 정상 제품 이미지를
데이터세트로 해서 학습시키면, 생성자 인공지능은 자신이 만든 가짜
이미지보다 품질이 나쁜 불량품을 찾아냅니다.

인공지능의 학습에는 대량의 데이터가 필요합니다. 데이터는 인공지능에게 공기와도 같은 것으로 **금이나 석유에 비유**되기도 합니다.

하지만 현실적으로 충분한 데이터를 확보하기 어려울 때 GAN을 활용해서 데이터를 만들어 내는 경우가 있으며, 좋은 성과도 나오고 있습니다. GAN의 판별자가 구별할 수 없는 수준의 데이터라면 학습에도 활용할 수 있다는 발상에서 나온 것입니다.

학습 데이터를 준비하거나 애노테이션을 만드는 것과 같은 전처리 작업이 필요 없다는 점에서 향후 인공지능 도입 비용을 크게 낮춰 줄 거라는 기대도 할 수 있습니다.

품질관리에서의 활용

예를 들어 공장의 제조 공정에서 **품질관리(이상 탐지)**를 생각해 봅시다. 머신 러닝을 통해서 우량품(규격 내품)과 불량품(규격 외품)을 판별하는 것입니다. 다만 이런 경우 곤란한 문제가 하나 생기는데, 대부분 불량품(규격 외품)의 데이터가 적어서 인공지능의 학습용으로 충분하지 않다는 점입니다.

앞의 절로 돌아가면 GAN은 애노테이션이 없는 단순한 데이터로, 2개의 인공지능을 학습시켰습니다. 하나는 원래 데이터세트와 헷갈릴 만한 데이터를 생성하는 생성자, 또 하나는 그 데이터가 생성자에 의해 만들어진 데이터인지 원래 데이터인지를 가려내는 판별자였습니다. GAN의 이런 구조를 이용해서 불량품(규격 외품) 데이터가 부족한 경우, 학습 데이터 생성에 활용합니다.

만약 공장의 컨베이어 벨트에서 결함이 없는 우량품만 계속해서 흘러나온다고 상상해 보세요. 그 우량품의 데이터를 사용해서 GAN을 학습시키면 생성자는 우량품과 유사한 데이터를 생성하고, 판별자는 그걸 판별하면서 상호 간에 학습을 수행하게 됩니다. 거기에 불량품을 흘려보낸 경우, 생성자는 자신이 만든 가짜보다 진짜 같지 않으니까 가짜라고 간파할 수 있는 것입니다. 이것은 어떻게 보면 인간과 유사합니다. 인간도 예를 들어 무엇이 이상한 것인지 알려져 있지 않아도, 옳다고 알고 있는 것과 괴리가 있으면 뭔가 이상하다고 판단할 수 있습니다.

이상 탐지의 영역에는 지금까지 통계적 기법이 이용되어 왔습니다. 통계적 기법은 낮은 차원의 데이터(예를 들어 온도, 습도, 모션 센서 데이터 등)를 대상으로 하는 경우에는 유효한 기법이었습니다. 그러나 카메라나 마이크를 사용한 현장, 예를 들어 육안 검사나 타검打檢(두드려서 하는 검사) 등이 필요한 영역에서는 데이터가 고차원화되어 많은 정보를 포함하고 있어 효율성이 더욱 요구됩니다. GAN을 이용한 이상 탐지 기법은 기존의 통계적 기법보다 고차원 데이터를 취급해야 하는 경우에 있어서 특히 훨씬 높은 정확도를 나타낸다고 발표되고 있습니다. 또한 응용 논문을 통해 다양한 기법이 제안되고 있으며, 앞으로의 발전에 많은 기대가 모아지고 있습니다.

이것만은 알아 두세요!

- GAN의 본질은 원래 가지고 있던 데이터의 분포와 가까운 것을 생성하는 데 있다.
- 그 결과 분포를 벗어난 이상을 탐지할 수 있으며, 생성자가 만든 이미지를 데이터세트로 변환해서 학습의 애노테이션 비용을 낮출 수도 있다.

CHAPTER

8

인공지능 연구의
최전선

8-1 인공지능 연구가 급속도로 진행되고 있는 이유를 알려 주세요

8-2 인공지능 연구를 이끌어 나가고 있는 나라는 어디일까요

8-3 인공지능 연구의 최신 동향을 알고 싶으면 어떻게 해야 하나요

8-4 인공지능 연구의 성과는 어떻게 평가되나요

8-5 인공지능 연구가 당면한 과제는 무엇일까요

8-1

인공지능 연구가 급속도로 진행되고 있는 이유를 알려 주세요

핵심 기술이 공개되면서 쉽게 검증하고 참여할 수 있는 환경이 조성되었으며, 새로운 아이디어와 이용자가 폭발적으로 늘어났기 때문입니다.

오픈되어 있는 인공지능 연구 성과

인공지능 연구의 기술 경쟁은 더없이 치열하며 빠른 속도로 진화를 거듭하고 있습니다. 가장 큰 요인 중 하나는 **개방된 연구 개발 환경**과 **오픈소스**입니다.

인공지능의 핵심이 되는 기술 중 많은 부분은 오픈소스로 공개되어 있습니다. 누구나 최신 논문에 무료로 접근할 수 있고, 인공지능의 프로그램 소스 코드도 손쉽게 다운받아서 사용할 수 있는 '오픈된 상태'로 되어 있는 것입니다. 인공지능 이미지 인식 대회 **ILSVRC**에서 우승한 역대 모델도, 그리고 톱 바둑기사를 이긴 바둑 인공지능 **알파고**AlphaGo도 알고리즘이나 동작 원리가 누구에게나 공개되어 있습니다.

수준급의 프로그래밍 능력과 영어 실력을 갖춘 사람이라면 일류 연구자들의 연구 결과를 자신의 PC에서 재현할 수 있는 시대입니다(그에 걸맞은 컴퓨팅 성능도 필요합니다).

오픈 사이언스의 장점

최신 연구 성과가 오픈되고 있는 이유는 무엇일까요? 우선 이용하는 측면의 장점을 생각해 보겠습니다.

1. 쉽게 구현해 볼 수 있다(편리성)

이론뿐만 아니라 소스 코드와 데이터세트까지 공개되면 간단하게 재현해 볼 수 있습니다.

2. 제3자가 검증할 수 있다(투명성)

제안한 기법이 제대로 작동하고 있는지, 얻을 수 있는 결과는 신뢰할 수 있는지를 외부에서 검증할 수 있습니다.

개방된 프로그래밍 라이브러리는 많은 사람들이 사용하기 때문에 문제가 있는 경우 즉시 널리 알려지게 되고, 문제가 보완되기 때문에 신뢰성이 높아지는 경향이 있습니다. 반면 폐쇄적인(기업 등에서 내부 용도로 자체 개발하는) 시스템의 경우, 아무도 문제의 존재를 모른 채 사용하는 경우가 있습니다. 이런 경우 신뢰성에서 현격한 차이가 생깁니다.

3. 새로운 참여자가 받아들이기 쉽다(참여성)

진입 장벽이 낮아지면서 신규 참여자가 들어오기 쉬워지고, 새로운 아이디어가 나올 가능성도 훨씬 높아집니다. 연구 결과나 지식을 공유하는 이런 개방적인 환경을 **오픈 사이언스**라고 합니다. 이것이 현재 인공지능의 급속한 진화를 뒷받침하고 있는 큰 원동력입니다.

어렵게 개발한 기술을 오픈하는 이유

인공지능 연구자의 관점에서는 새로 개발된 기술을 오픈해 주는 게 고마운 일인 것은 확실합니다. 그러면 기업들은 새로운 기술을 왜 오픈할까요? 구글이나 메타 등의 기업은 논문뿐만 아니라 기업의 시스템 개발을 편하게 할 수 있는 프레임워크를 무상으로 공개하고 있습니다. 예를 들어, 딥러닝을 쉽게 사용할 수 있는 프레임워크는 여러 가지가 공개되어 있습니다.

2012년 당시에는 딥러닝을 연구 개발하려면 사용할 수 있는 계산 라이브러리가 토치Torch와 테아노Theano밖에 없었습니다. 이후 2013년 말 양칭 지아Yanqing Jia가 박사 학위 논문을 쓰는 과정에서 만든 카페Caffe가 등장하고, 2015년 6월에는 일본의 PFN이 체이너Chainer를 발표하며, 2015년 9월에는 구글에서 텐서플로TensorFlow가 출시됩니다. 그 후 여러 회사가 각각의 딥러닝 계산 라이브러리를 공개해 왔습니다(다음 표를 참고).

이들은 각각의 기업에 있어서 큰 투자 성과이자 중요한 자원입니다. 어째서 공개하는 쪽을 선택했을까요. 그 이유를 설명하기 위해서 지적 재산을 오픈하면 어떤 장점이 있는지 정리해 보겠습니다.

주요 머신러닝, 딥러닝 라이브러리, 프레임워크

라이브러리/프레임워크	개발자(최초)	라이선스 방식※
텐서플로(TensorFlow)	구글	아파치 라이선스 2.0
케라스(Keras)	프랑수아 숄레(François Chollet)	MIT 라이선스
체이너(Chainer)	Preferred Networks	MIT 라이선스
파이토치(PyTorch)	메타(구 페이스북)	수정된 BSD 라이선스
MXNet	워싱턴 대학교, 카네기 멜론 대학교	아파치 라이선스 2.0
CNTK (Microsoft Cognitive Toolkit)	마이크로소프트	MIT 라이선스
카페(Caffe)	양칭 지아(Yangqing Jia)(UC 버클리)	BSD 라이선스
넘파이(NumPy)	트래비스 올리펀트(Travis Oliphant)	수정된 BSD 라이선스
판다스(Pandas)	PyData 개발팀	BSD 라이선스
맷플롯립(Matplotlib)	존 헌터(John D. Hunter)	독립 라이선스
사이킷 런(scikit-learn)	데이비드 쿠르나포 (David Cournapeau)	New BSD 라이선스

※ 라이선스 방식의 세부 내용에 대해서는 각 라이브러리 혹은 프레임워크에 포함된 라이선스 조항을 확인해 주세요.

지적 재산의 개방화

지적 재산의 개방화로 연구 개발 및 도입을 위한 협력자를 많이 끌어들일 수 있습니다.

커뮤니티의 형성

협력자가 늘어나면 수평적 방향의 정보 공유가 활발해집니다. 정보가 늘어나면 보다 편하게 연구 개발을 할 수 있게 되고, 창출되는 가치도 그만큼 늘어납니다.

경쟁 영역과 협조 영역

차별화할 수 있는 부분은 지키면서 외부의 힘이 필요한 부분은 도움을 받겠다는 발상입니다. 지금은 프로그램 코드보다는 인공지능에 필요한 데이터나 동작 환경 및 주변 서비스가 차별화의 포인트가 되고 있습니다.

이런 장점들을 **네트워크 효과**라고 합니다. 네트워크 효과는 '이용자가 증가할수록 네트워크의 가치가 높아져 이용자들의 편익도 증가한다'는 것을 말합니다. 네트워크 내의 참여자뿐만 아니라 네트워크 외부에 있는 제3자에 대한 가치도 높인다는 의미에서 네트워크 효과를 **네트워크 외부성 혹은 네트워크 외부 효과**network externality라고도 합니다. 네트워크 외부성이 작용하는 서비스나 제품에서는 그 성능보다 이용자의 수에 의해 얻어지는 편익이 크기 때문에 일단 점유율에서 우위를 점하면 **이용자가 폭발적으로 증가**하는 경향이 있습니다.

개방화가 촉구한 또 하나의 가치관

인공지능 연구 분야가 오픈소스로 개방된 결과, 누구나 최첨단 기술을 사용할 수 있게 되었고, 새로운 연구 개발자의 진입 장벽이 낮아져 가치 창조의 속도가 가속화되었습니다.

연구자의 일은 자신의 성과를 세상에 내어놓는 것입니다. '한시라도 빨리(누군가가 똑같은 연구 결과를 발표하기 전에) 세상에 공표해야 한다'는 압박감과 싸우고 있습니다. 그런 상황에서 오픈된 개발 환경은 그야말로 안성맞춤입니다.

이 개방화는 인공지능이 **기성품화**commodity**되었다** 혹은 **민주화되었다**고도 합니다. 결과적으로 저렴하고 빠르고 좋은 품질의 기술을 누릴 수 있게 되었습니다.

이것만은 알아 두세요!

- 현재 인공지능의 발전은 오픈 사이언스에 의한 혜택이 크다.
- 그럼으로써 편리성, 투명성, 참여성이 높아졌다.
- 요즘에는 오픈 사이언스의 새로운 장점으로 '신속성(스피드)'이 떠오르고 있으며, 개방화가 그것을 가속화하고 있다.

COLUMN

웨이모의 오픈 데이터 전략

자율 주행 자동차 기술에서 세계를 이끌어 나가는 회사가 있습니다. 바로 웨이모Waymo입니다. 미국 캘리포니아 주 마운틴뷰에 본사가 있으며, 2016년 12월에 구글의 자율 주행 자동차 개발 부문이 분사되면서 탄생했습니다. 이들의 자율 주행 자동차는 2018년에 100만 마일 이상의 주행 실적이 있습니다. 이것은 2위 GM 크루즈GM Cruise의 2.8배, 3위 애플의 16배입니다.

웨이모는 이 자율 주행 자동차에서 수집한 데이터를 대량으로 보유하고 있으며, 2019년 8월에 연구자들에게 무상 공개하겠다고 발표했습니다. 그들은 '인공지능의 연구는 가치 있는 데이터를 사용하는 것에 의해서 이노베이션을 일으킬 수 있다'고 말합니다.[32]

웨이모의 이러한 대처는 자율 주행 자동차에 국한되지 않고, 로봇 공학 등의 분야에서 인식 기술이나 각종 계측 기능을 발전시키는 데 크게 기여할 것으로 생각됩니다. 이러한 기술과 데이터가 연구자들에 의해 널리 이용되면서 웨이모나 구글도 그 연구자들의 뛰어난 지식과 견해를 받아들일 수 있고, 자신들의 비즈니스에 활용하는 등의 장점이 있는 것입니다.

---

32 https://waymo.com/open

인공지능 연구를 이끌어 나가고 있는 나라는 어디일까요

예전에는 미국이 앞서고 있었지만 지금은 중국이 따라잡기 시작한 상황입니다. 우리나라나 일본은 현재 경쟁에서 많이 뒤처져 있습니다.

예전과 비교하면 인공지능은 놀라울 정도로 발전했습니다. 그렇다면 인공지능 연구 개발은 도대체 누가 이끌어 나가고 있는 걸까요. 한 가지 설득력 있는 지표로서 국제 학계의 논문 채택 수를 살펴보도록 하겠습니다.

다음 표는 인공지능 톱 국제 학회에서 2012년부터 2018년까지 채택된 논문 투고 수를 누적한 순위입니다. 1위가 카네기 멜론 대학교CMU이며, 2위가 마이크로소프트, 3위가 구글입니다. 분야별로 약간의 편차는 있지만, 대학 수준에서 고도의 연구가 행해지고 있는 것을 알 수 있습니다. 이웃 나라 일본이나 우리나라 기업 및 대학은 순위에 오르지 못했습니다.

순위	대학/기업	순위	대학/기업
1	카네기 멜론 대학교	11	케임브리지 대학교
2	마이크로소프트	12	중국과학원
3	구글	13	에든버러 대학교
4	스탠퍼드 대학교	14	컬럼비아 대학교
5	MIT(매사추세츠 공과대학교)	15	텍사스 대학교 오스틴 캠퍼스
6	칭화 대학교	16	옥스퍼드 대학교
7	UC 버클리 (캘리포니아 대학교 버클리 캠퍼스)	17	존스홉킨스 대학교
8	IBM	18	메타
9	베이징 대학교	19	펜실베이니아 대학교
10	워싱턴 대학교	20	서던캘리포니아 대학교

2018년의 다른 집계에 의하면 **NeurIPS**(머신러닝에서 가장 큰 규모의 학회)에서의 논문 수는 구글이 57편으로 1위, MIT가 44편으로 2위를 차지하고 있습니다.

MIT는 2018년 10월에 10억 달러(약 1조 1천억 원)를 인공지능 교육에 투자하여 새로운 대학을 설립하겠다고 발표했습니다. 미국 대형 투자펀드 운용사 블랙스톤의 CEO인 스티븐 슈워츠먼Stephen A. Schwarzman은 MIT에 3억 5천만 달러를 기부했습니다. 또한, MIT 이외의 대학에서도 대규모 투자가 이루어지고 있습니다. 이들은 미국이 중국으로부터 뒤처진 것을 회복하고, 인공지능 분야의 주도권을 잡기 위해 정부를 포함한 각계에서 이런 투자가 필요하다고 호소하고 있습니다.

중국은 품질에서도 미국을 제치고 세계 최고가 될수 있을까

그림 49에서 2018년 AAAIAmerican Association for Artificial Intelligence(미국 인공지능 학회)에서의 논문 투고 수와 채택 수를 국가별로 나타내고 있습니다. 현재의 인공지능 연구는 대부분 미국과 중국 두 나라에서 주도적으로 행해지고 있는 것을 알 수 있습니다. 중국은 교육과 산업 양쪽으로 투자를 확대하는 정책이 성과를 거두고 있는 것 같습니다.

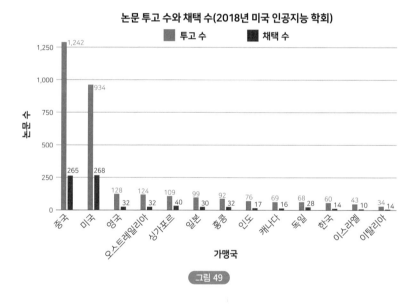

그림 49

중국은 2006년도에 이미 인공지능 관련 논문 투고 수에서 미국을 능가했습니다. 그러나 당시에는 우수한 논문만 있는 것은 아니었습니다.

시애틀에 거점을 두고 있는 폴 앨런 인공지능 연구소Allen Institute for Artificial Intelligence(이하 AI2)는 논문이 인용되는 빈도(그 논문이 얼마나 영향력이 있는지)를 측정하는 것으로 인공지능 연구의 품질을 조사하고 있습니다. 이

AI2가 2018년 말까지 발표된 200만 건이 넘는 인공지능 논문을 분석한 결과 수년 내에 인용 횟수 상위 10% 논문이 가장 많은 국가 1위는 중국이 었으며, 2025년 이전까지 작성된 논문 중 인용 횟수가 상위 1%인 논문도 중국이 1위를 차지하게 될 것으로 예측하고 있습니다(그림 50의 위쪽 그래프 를 참고).

같은 조사에서 **인용 수가 많은 상위 10% 논문에서 차지하는 미국의 비율은 1982년의 47%에서 2018년에 29%까지 내려갔습니다**(그림 50의 아래쪽 그래 프를 참고).

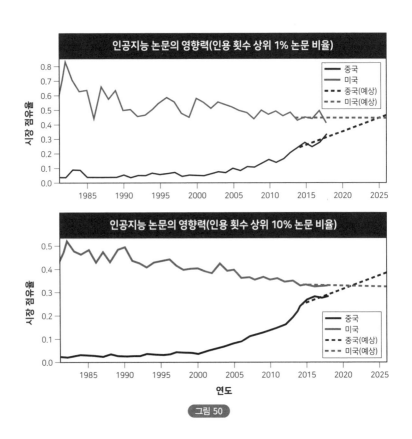

그림 50

인공지능 기초 연구의 양적인 면과 질적인 면 둘 다 중국이 미국을 앞서는 이유는 무엇일까요.

이는 몇 가지 이유를 들 수 있습니다. 첫째, 중국이 국가 차원에서 인공지능의 기초 연구에 투자하고 있는 것, 둘째, 미국 기업들이 유학생이나 외국인을 채용하기 어려운 정책에 발목 잡혀 있다는 점, 그리고 셋째는 우수한 미국인 연구자들을 **FAANG**[33]이나 다른 기업들에게 빼앗겨서 기초 연구보다는 응용 연구나 서비스 개발에 종사하고 있다는 것입니다. 고액 연봉을 통한 인재 스카우트 전쟁이 정작 기초 연구를 약화시키고 있는 모순적인 상황을 초래한 것입니다.

우리나라나 일본의 경우 인공지능 기술을 배울 수 있는 대학이나 학과가 다른 나라들에 비해 현저히 적은 편입니다. 또한 인공지능에 한정하지 않고 전체적인 정보기술IT 전문 인력의 수를 비교하면 미국(409만 명), 인도(232만 명), 중국(227만 명) 등 '빅3 IT 인재 강국'에 이어 일본이 4위(122만 명)이며, 한국은 80만 명으로 영국, 러시아, 브라질 등에 이어 9위를 차지하였습니다.[34]

그림 51의 그래프는 미국 국립과학재단National Science Foundation의 **과학/공학 지표**Science and Engineering Indicators[35]에서 발표된 정보입니다.

---

33 페이스북(Facebook, 현 메타), 아마존(Amazon), 애플(Apple), 넷플릭스(Netflix), 구글(Google)의 머릿글자를 따 모아서 지칭합니다.
34 https://plus.hankyung.com/apps/newsinside.view?aid=202109265232i&category=&sns=y
    (또는 https://bit.ly/31XS50j)
35 Higher Education in Science and Engineering(이공계 고등 교육)(미국 국립과학재단(National Science Foundation) 과학/공학 지표(Science and Engineering Indicators)) https://ncses.nsf.gov/pubs/nsb20197/international-s-e-higher-education(또는 https://bit.ly/3I7hrrJ)

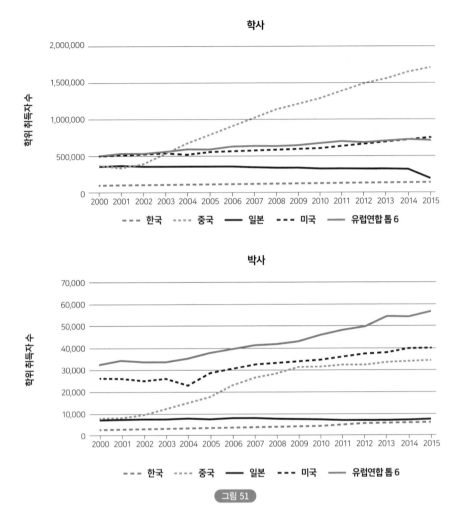

그림 51

그림 51은 이공계 학사/박사 학위 취득자 수의 국가별 추이입니다. 위쪽이 학사 취득자 수, 아래쪽이 박사 취득자 수입니다. 미국의 증가폭에 비해 중국의 숫자가 크게 늘고 있습니다. 특히, 학사에서는 중국이 크게 앞서고 있는 것을 알 수 있습니다(미국은 질적인 면에서는 아직 자국 대학이 앞서고 있다고 주장합니다만).

우리나라의 경우는 비슷한 추세를 유지하고 있으며, 일본은 오히려 감소하고 있습니다. 이 정도로 엔지니어나 연구자의 수에 차이가 생기면, 앞으로 **우리나라는 독자적인 경쟁력을 갖추기 어려워**집니다.

이것만은 알아 두세요!

- 인공지능 연구는 중국이 미국을 양적으로나 질적으로나 앞서고 있다.
- 중국은 기초 연구 레벨에서부터 국가 차원의 투자가 이루어지고 있다.
- 한국은 연구자 수에서 다른 나라들과 압도적인 차이가 생겨, 경쟁에서 단독으로 이기기 어려운 상황이 되었다.

인공지능 연구의 최신 동향을 알고 싶으면 어떻게 해야 하나요

학술지를 구독하거나 학회에 참가하는 방법과 더불어 arXiv라고 하는 출판 전 논문(프리프린트preprint) 수집 사이트 활용을 추천합니다. 다만 정보의 품질에 대해서는 주의해야 합니다.

기업이나 대학 등에서 진행되고 있는 인공지능 연구에 대해 알고 싶으면 어떻게 해야 좋을까요?

현재 세계 각국의 인공지능 연구자가 최신 연구 성과를 발표하는 장소(정보의 1차 소스)는 크게 세 가지가 있습니다(여기서는 구글이나 마이크로소프트 등의 기업이 자체적으로 발표하는 경우는 제외합니다).

- 학술지
- 학회
- arXiv

품질이 보장된 논문을 접할 수 있는 방법

과학자나 연구자가 쓰는 논문은 이제까지는 통상 학술지에 투고되어 왔습니다. 《네이처Nature》나 《사이언스Science》는 권위 있는 종합 학술지로 유명합니다. 해당 잡지 편집자는 투고 논문을 접수하면 전문가에 의한 심사, 즉 **동료 평가**peer review를 실시합니다. 동료 평가 후 게재할 가치가 있다고 판단되면, 경사스럽게도 학술 논문에 게재되어 같은 분야의 연구자나 기타 불특정 다수에게 공개됩니다.

다만, 인공지능 분야에서 최근의 추세는 곧 언급할 학회나 오픈된 논문 공개 시스템이 주류가 되고 있습니다.

큰 흐름을 알고 싶은 경우

학회에 참가하면 다양한 연구를 접하게 되어 폭넓은 지식을 얻을 수 있습니다. 인공지능과 관련된 권위 있는 학회를 몇 가지 소개하자면 다음과 같습니다.

- NeurIPS(머신러닝)   https://nips.cc/
- AAAI(인공지능 전반)   https://www.aaai.org/
- ICML(머신러닝)   https://icml.cc/
- IJCAI(인공지능 전반)   https://www.ijcai.org/

참고로 NeurIPS 2018의 참가 티켓 8,500여 장은 약 11분 만에 매진되어 유명 가수의 콘서트 못지 않은 인기를 실감할 수 있었습니다.

동료 평가를 통과한 논문은 '믿을 수 있다', '품질이 보장된다'는 평가를 얻게 되고, 그것이 연구자의 사기를 진작시켜 연구 의욕을 북돋아 주지만, 전문가의 확인 과정을 거쳐야 하기 때문에 공개되기까지 어떻게든 물리적인 시간이 걸립니다. 논문의 '신뢰도'와 '신속성'은 트레이드오프trade off 관계로, 둘 다 만족시키기 어렵다고 할 수 있습니다.

특히, 최근 인공지능 관련 논문은 제출 수가 계속 늘어나고 있어서 동료 평가가 지체되고 심사 체계가 원활하지 않은 경우가 종종 보입니다. 오픈 사이언스가 대세가 되면서 **최근의 인공지능 연구는 속도 경쟁**이 되었습니다. 따라서 동료 평가 과정을 거쳐야 하는 기존 프로세스로는 경쟁에 대응할 수 없으므로 새로운 체계가 생겨나고 있습니다.

최신 논문에 접근하는 방법

인공지능 관련 최신 논문이 가장 빠르게 업로드되는 곳은 **arXiv(아카이브)** 입니다. arXiv는 1991년에 등장한 **프리프린트 서버(원고가 완성된 시점에 동료 평가를 기다리지 않고 한 발 앞서 공개할 때 사용되는 서버)**의 시초입니다. 현재는 코넬 대학교 도서관에서 운영하고 있으며, 중재자moderator의 선별 과정을 통해 품질에 현저한 문제가 있는 논문은 반려되지만, 수많은 최신 논문이 업로드되어 있습니다.

그림 52의 위쪽 그래프는 세로축이 논문의 게재 수를, 가로축이 연차를 나타냅니다. 투고 수가 전체적으로 급증하는 것을 알 수 있습니다. 한편, 그림 52의 아래쪽 그래프는 세로축이 투고 분야의 비율을 나타내고 있습니다. 컴퓨터 과학과 수학 분야의 비율이 증가하고 있는 것을 보실 수 있습니다.

이제까지의 논리에 따른다면 동료 평가를 기다리지 않고 공개할 수 있다는 것은 그 가치를 심사해 주는 사람이 없다는 것입니다. 그렇기 때문에

arXiv에 공개된 논문은 품질의 편차가 큰 경향이 있습니다. 애초에 학회에서 심사를 통과하기 어려운 수준의 논문도 있는 반면, 여유 있게 통과할 만한 것도 있습니다. 즉, 많은 연구자들이 주도권을 잡기 위해 가장 먼저 발표하는 자리가 되고 있습니다.

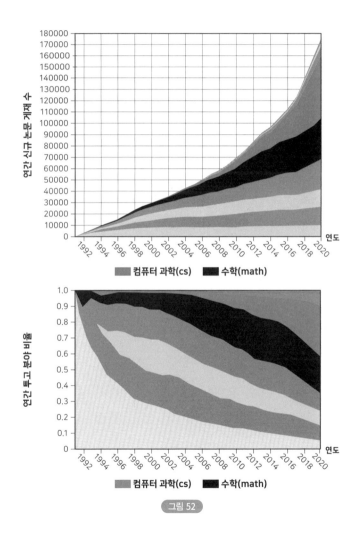

그림 52

최근에는 연구 성과가 나오면 일단 arXiv에 올린 다음, 다른 연구자들의 의견을 확인하고, 또 수정판을 올려서 최종판을 완성시킨 후, 성과로 남기기 위해서 학회에 제출하는 사이클을 반복하는 사례도 증가하고 있습니다.

arXiv에 있는 논문은 동료 평가 전이기 때문에 정보의 신뢰성이 낮더라도 저자의 인지도가 높거나, 소스 코드가 공개되거나, SNS에서 이슈가 되는 경우 등을 통해 여러 사람의 눈에 띄게 됩니다. 때로는 arXiv 단계에서 뛰어난 품질을 보여 줘서 미디어에서 다뤄지는 예도 드물지 않습니다. arXiv는 무엇보다도 기술 혁신(이노베이션)을 이끌어 나가는 존재가 되었습니다. arXiv의 장점을 정리하자면 다음과 같습니다.[36]

- **신속한 공개**
  수개월에서 1년 정도 걸리는 동료 평가를 기다리지 않고 공개할 수 있다.

- **우위 선점**
  다른 연구자가 비슷한 연구를 하고 있는 경우, arXiv에 올린 기록으로 누구의 연구 결과인지 결정되는 분위기가 형성되어 있다(비록 동료 평가로 인해 그 학회 논문의 게재가 늦어지더라도 arXiv의 기록이 우선한다).

- **개방된 접근**
  학회지 등을 구독하지 않아도 인터넷에서 자유롭게 읽을 수 있다.

---

36 https://www.quora.com/What-are-some-pros-and-cons-of-publishing-a-paper-on-arXiv
(또는 https://bit.ly/3GumAtM)

arXiv가 가져온 변화

arXiv로 인한 큰 변화 중 하나는 **신속한 인용**입니다. 이에 대해 유명한 일화가 있습니다. 객체 탐지object detection라고 하는(예를 들면 이미지에 찍혀 있는 개의 영역을 직사각형으로 추출하는) 작업으로 2015년 4월에 당시 최첨단 기법이었던 'R-CNN'의 개발자가 'Fast R-CNN'이라는 기법을 발표했습니다. 그러자 얼마 후인 2015년 6월에 'Faster R-CNN'이라고 하는 개량 알고리즘이 다른 사람에 의해 발표되어 당시의 벤치마크 기록을 갈아치웠습니다.

이렇게 어떤 기법이 발표되더니, 그것도 단 몇 개월 만에 최신 기록이 깨지고 학회에서 발표할 때는 이미 구식 기법이 되어 버리는 일이 빈번하게 일어나고 있습니다. 'Fast R-CNN'의 개발자가 해당 논문을 학회에서 발표할 때 '~라는 식으로 지금까지 발표해 왔지만, 더 좋은 방법이 이미 나와 버렸습니다'라고 말한 일화도 있습니다. 게다가 한술 더 떠 그림 53과 같이 공개 다음날 인용되는 경우도 있습니다.

그림 53

인공지능 연구의 성과는 어떻게 평가되나요

논문의 우수성이나 정확성 등을 동료 평가를 통해 제3자에게 인정받는 절차를 거치지만, 상대적으로 동료 평가자의 수가 부족해서 애로 사항이 발생합니다.

이번에는 인공지능의 가까운 미래를 예측하기 위해 전 세계 연구자들이 안고 있는 고민에 대해 알아보겠습니다.

인공지능의 가치는 누가 결정할까

연구자들이 논문을 쓰는 건 매우 중요한 일 중 하나입니다. 논문을 쓴다는 것은 단순히 작성만 하면 되는 것이 아니라 '동료 평가'를 통과하는 과정, 즉 제3자의 심사가 필요합니다. 이 동료 평가 작업은 당연히 최첨단 연구에 정통한 사람이 하는데, 그 **평가를 할 수 있는 연구자가 턱없이 부족**한 상황이 벌어지고 있습니다. 왜냐하면 새로운 연구자의 증가에 따라 인공지능 연구에 대한 논문 수가 엄청나게 증가하고 있기 때문입니다.

arXiv에 업로드된 머신러닝 관련 논문은 2018년 말 기준 한달에 약 3,000편(하루 평균 100편)으로 2년마다 두 배 이상의 속도로 계속 증가하고 있습니다.

그림 54

다른 저명한 학회에서도 비슷한 현상이 일어나고 있습니다. AAAI라는 세계 최고 국제 학회의 논문 등재 목록은 마침내 7,000편을 넘었습니다. 한 논문당 리뷰어가 3~5명 정도 할당되며, 그 종합 평가로 심사를 통과하느냐가 결정됩니다.

동료 평가자가 절대적으로 부족하기 때문에 역량이 부족하더라도 평가자로 선정되기도 하고, 심사를 기다리고 있는 논문이 많아서 정체되는 일도 종종 발생합니다. 어떤 평가자가 배정되는가 하는 **평가자 뽑기**와 같다고 야유를 받을 정도로 운에 따라 좌우되는 경우가 있으며, 운이 나쁘면 엉뚱한 코멘트와 함께 논문이 반려되는 경우도 있습니다.

가치의 홍수

현재 인공지능 연구 체계는 곳곳에 **정보가 차고 넘쳐나는 상황**입니다. 그 원인은 어떻게 보면 기존의 동료 평가라는 시스템의 한계에서 비롯됐다고 할 수 있습니다. 평가가 오래 걸리거나 평가자의 역량이 충분하지 않다면, 기존의 방식이 원활하게 진행되지 않고 있는 것이 뻔합니다.

그래서 현재 주목 받고 있는 방법은 동료 평가를 기다리지 않고 일종의 **집단 지성**을 이용하는 것입니다. 인터넷에 논문을 공개하고, 그것을 세계의 연구자들이 논의하는 장으로서 **트위터**가 이용되고 있습니다. 많은 연구자들이 타임라인에 arXiv의 논문을 올려서 공유하고, 좋고 나쁨에 대해 논의합니다.

향후의 인공지능 학회는 결국에는 arXiv처럼 프리프린트(학술지에 게재되는 것을 목적으로 쓰여진 원고를 동료 평가 전에 인터넷에 업로드한 논문) 같은 시스템이 되어 인터넷상에서 논의와 추천을 거치는 것이 동료 평가를 대신하는 구조로 바뀔지도 모릅니다. 이렇게 되면 가치 있는 논문이 마냥 동료 평가를 기다리며 시간을 허비하는 것보다 조금 더 빠르고 적절하게 평가 받을 수 있다고 생각합니다.

하지만 이 방법도 순조롭지만은 않습니다. 인터넷상에서 논문에 대해 논의할 정도의 역량을 가진 사람이 모든 분야에 걸쳐 골고루 분포된 것은 아닙니다. 수준 높은 수학적 지식을 요구하는 이론적인 논문을 이해할 수 있는 사람은 더욱 한정되어 있습니다. 또한 젊은 연구자가 많은 딥러닝 계열에는 많은 평가자가 존재하겠지만, 다른 분야에는 좀처럼 사람이 모이지 않을 수가 있습니다. 결국 진입 장벽이 낮은 분야만 살아남는 것입니다. 비록 난이도는 높지만 그만큼 가치 있는 분야를 올바르게 평가할 수 있는 시스템이 갖추어져 있지 않다면 기초 과학의 진보는 멈춰 버립니다.

여담이지만 '논문에 대해 큐레이션(수집)과 동료 평가를 실시하는 인공지능'이라는 재미있는 아이디어도 제안된 적이 있습니다. 즉, 논문이 동료 평가를 통과할지 여부를 맞추는 인공지능입니다. '논문에 깔끔하고 명료한 도표나 그림이 있는가', '올바른 형태의 수식을 포함하고 있는가' 등을 형식적으로 체크해서 판정을 내리는 인공지능인데, 실험 결과 높은 정확도로 당락을 맞히는 데 성공했다고 합니다.

이것만은 알아 두세요!

- 인공지능 연구 참여자가 늘어난 결과, 논문의 가치를 판단할 수 있는 평가자의 비율이 매우 낮아졌다.
- 그에 따라 arXiv 등에 공개되는 논문의 수가 급증해서 양질의 논문을 선별하기 어렵게 되었다.
- 이는 결과적으로 인공지능 연구자의 동기 부여에 영향을 미치고 있다.

인공지능 연구가 당면한 과제는 무엇일까요

연구 성과에 급급해서 기초 연구가 소홀해지거나 남에게 의존하는 경향이 생겨나고 있으며, 학회도 이에 대해 방안을 모색하고 있습니다.

이론 연구보다는 개량 연구?

8-4절에서 설명한 바와 같이 인공지능 연구 경쟁은 날이 갈수록 치열해지는 중입니다. 새로운 연구자가 계속해서 유입되는 만큼, 논문을 인정받는 것도 어려워졌기 때문입니다. 능력 있는 인공지능 연구자가 참신한 아이디어를 제안해도, 젊은 동료 평가자가 그것을 이해하지 못하면 심사를 통과할 수 없습니다. 평가자는 많은 논문을 단시간에 판정해야 하기 때문에 조금 읽어 보고 이해하기 어렵다고 여겨지는 논문은 자칫하면 가치가 없다고 판단해 버릴 수 있습니다.

딥러닝 관련 논문은 대체로 기존의 기법을 조합하거나 응용하는 경우가 많아서 비교적 이해하기 쉽게 작성돼 있습니다. 하지만 딥러닝도 이론적으로 깊게 파고들어서 연구하려면 다양한 수학적 배경지식이 요구됩니다.

그 때문에 평가할 수 있는 사람의 수는 제한적일 수밖에 없습니다.

이런 상황은 '**패러다임을 전환시킬 만한**' 아이디어가 태어나기 어려운 환경을 만들어 냅니다. 인공지능 연구는 계속해서 발전해 나가고 있습니다. 정확도 향상을 목표로 하는 연구도 중요하지만, 장기적으로 보면 근본적인 사고방식의 변혁이 매우 중요합니다.

대기업에 의존적인 연구

앞에서 나온 제프리 힌턴은 2017년에 **캡슐**Capsule이라는 전혀 다른 학습 레이어layer를 발표했습니다. 그 기법은 기존의 딥러닝 레이어와는 또 다른 획기적인 것이었습니다. 하지만 그 기법은 이듬해 2018년까지도 큰 화제를 불러 모을 수 없었으며, 관련된 논문도 몇 편밖에 나오지 않았습니다.

이 원인에는 크게 두 가지가 있습니다. 하나는 논문의 난이도가 매우 높아 쉽게 이해되지 않았다는 것이며, 또 하나는 실험을 위한 프로그래밍 환경을 손에 넣을 수 없었기 때문입니다. 즉, 누구나 쉽게 이용할 수 있는 패키지인 라이브러리library로 배포하지 않았기 때문입니다.

이런 최신 기술이 제안되었을 때 프로그래밍에 능숙한 연구자조차 누군가 다른 사람이 구현해 주기를 기다리는 경우가 많아지고, 심지어 쉽게 다운로드해서 쓸 수 있는 라이브러리가 개발되어 있지 않으면 사용하지 않는, 즉 다른 연구자에게 의존적인 태도를 보이는 경우도 많습니다.

이른바 기존 기술을 개량하는 연구와 같이 이해하기 쉬운 분야에서는 누군가가 비교적 조기에 연구 환경을 만들어 공개해 주는 경우가 많습니다. 이것이 반대로 연구자에게 수동적인 마인드를 심어 주었을 가능성이 있습니다. 참고로, 그러한 라이브러리를 많이 개발하는 곳은 구글 등의 IT 기업입니다. 최첨단 연구기관이나 대학조차 이들 기업에 대한 의존도가 높아지는 상황이 펼쳐지고 있습니다.

현 상황에 경종을 울리는 학회

학회는 이런 상황에 대해 경종을 울리려 노력하는 중입니다. 그 노력 중에는 채택 논문 가운데서 우수한 논문을 선정해 **베스트 페이퍼**라고 하는 상을 수여하는 방법도 있습니다.

세계에서 가장 권위 있는 인공지능 학회인 NeurIPS 2018에서는 베스트 페이퍼 4건 모두가 **이론 계열의 논문**이 선정되었습니다. 그 논문들은 고도의 이론을 다루고 있기 때문에 의도적으로 이론 위주의 논문을 선정한 것이 아닐까 하는 이야기들도 있습니다. 게다가 수많은 인공지능 연구자의 참여로 인해 특히, 딥러닝 분야에서는 기존 기법의 응용이나 조합으로 해결할 수 있는 문제는 대부분 해결이 완료된 것 같은 분위기입니다.

엔비디아의 ML 리서치 담당 디렉터인 아니마 아난드쿠마르Anima Anandkumar는 "손이 닿기 쉬운 곳에 있는 딥러닝 열매는 거의 다 땄습니다Low hanging fruits of deep learning have been mostly plucked"라고 말했습니다.[37] 앞으로 인공지능 연구는 다시 한 번 더 복잡하고 근본적인 문제 해결에 관한 연구가 이루어져야 합니다. 전 세계에서 우수한 연구자가 모여들고 있기 때문에 희망이 있습니다만, 둘러싼 주변 환경이 그리 녹록지만은 않습니다.

---

37   https://www.kdnuggets.com/2018/12/predictions-data-science-analytics-2019.html
      https://www.kdnuggets.com/2018/12/predictions-machine-learning-ai-2019.html
      https://www.kdnuggets.com/2021/12/10-key-ai-trends-for-2022.html

인공지능을
잘 다루려면

9-1　인공지능 프로젝트에 도전하려면 어떤 것에 주의해야 할까요

9-2　인공지능 프로젝트에서 차별화할 수 있는 포인트를 알려 주세요

인공지능 프로젝트에 도전하려면 어떤 것에 주의해야 할까요

주의 사항은 여러 가지가 있습니다. 이해하기 쉽게 요리에 비유해 볼 수 있겠습니다.

인공지능은 데이터 과학을 위한 도구

인공지능은 데이터를 처리하는 것입니다. 사람이 지시하고 사람이 기대하는 것에 부응해서 학습하고 동작합니다. 인공지능을 잘 다루려면 앞으로 어떻게 해야 할까요? 그중 하나를 담당하는 것이 바로 **데이터 과학자**입니다. 여기서는 데이터 과학자의 역할을 생각해 보겠습니다.

데이터 과학자가 하는 일은 말 그대로 **데이터 과학**입니다. 위키피디아에 따르면 데이터 과학이란, '데이터를 이용하여 과학적이면서도 사회에 유익한 새로운 지식을 이끌어 내려는 접근법'이라고 합니다.

따라서 데이터 과학의 목적은 **데이터에서 새로운 가치**를 만들어 내는 데 있습니다. 인공지능에도 입출력 관계가 있는 것처럼 데이터 과학의 입출력은 다음과 같다고 할 수 있습니다.

- 입력 = 데이터
- 출력 = 업무의 효율화 혹은 수익 창출 등에 적합한 새로운 가치

인공지능은 바로 이 데이터 과학을 위한 도구입니다.

인공지능은 요리다

'인공지능을 잘 다루려면 어떻게 해야 할까?'라는 문제는 요리에 비유하면 더 이해하기 쉽습니다. 다음 표를 참고하세요.

요리사	인공지능으로 뭔가를 만드는 사람, 즉 **데이터 과학자** 또는 **인공지능 엔지니어**라고 불리는 사람입니다.
식재료	인공지능에서는 **데이터**가 요리를 위한 재료에 해당합니다.
조리 기구	컴퓨터 등 연산을 위한 **하드웨어와 프로그래밍 언어**가 조리 기구에 해당합니다.
레시피	**인공지능 알고리즘**이 식재료를 갖고 무엇을 어떻게 만들지는 레시피에 해당합니다.
요리	최종적으로 완성된 요리에 해당하는 것이 **학습된 인공지능**입니다.
손님	완성된 인공지능은 **누구**에게 어떻게 제공되는가가 매우 중요합니다.

이런 비유를 사용하면 인공지능과 연관된 프로젝트에서 흔히 발생하는 문제를 알기 쉽게 표현할 수 있습니다.

식재료가 상해서 요리가 되지 않는다

→ 필요한 데이터가 부족하거나, 제대로 정리되지 않거나, 너무 오래되면 원하는 것을 해낼 수 없습니다.

→ 데이터가 갖추어져 있지 않으면 인공지능의 학습이 올바르게 이루어지지 않으며, 인공지능이 내놓는 대답의 신뢰성이 부족하거나 정확도가 낮아지는 문제가 일어납니다.

요리를 만드는 데 필요한 재료가 부족하다

→ 충분한 학습 데이터가 없으면 원하는 결과를 얻을 수 없습니다.

→ 예를 들어 도시락 판매량을 예측하는 경우, 기존의 판매량 데이터만으로는 충분하지 않습니다. 판매 장소 주변의 기상 정보나 이벤트 개최 정보 등의 부가 정보가 없으면 높은 정확도를 얻을 수 없습니다.

적절한 레시피를 선택하지 않으면 기대하던 맛을 낼 수 없다

→ 알고리즘을 잘못 선택하면 학습 효율이 일정 수준 이상으로 올라가지 않습니다.

→ 인공지능의 학습 알고리즘(방법론)은 여러 가지가 있으며, 각각에는 장점과 단점이 모두 존재합니다(압력솥을 사용할지, 오븐을 사용할지, 그리고 어떤 향신료를 쓸지는 요리마다 다른 것과 같습니다).

식재료가 갖추어져 있어도 먹고 싶은 요리가 무엇인지 확실하지 않으면 요리할 수 없다

→ 무엇이 필요한지 확실하지 않은 상황에서 데이터가 확보되어 있으니, 그걸 사용해서 인공지능으로 뭐든 해달라고만 요청하면 인공지능 엔지니어(요리사)는 난감합니다.

→ 인공지능은 뚜렷한 목적이 있을 때 비로소 활약할 수 있습니다. 인공지능이 사람의 마음을 헤아려서 '이런 게 필요하셨던 건 아닌가요?'라고 먼저 제안할 정도로 진화하지는 못했습니다.

→ 예를 들어 돼지고기와 감자가 있을 때 카레가 먹고 싶은지, 고기 감자 조림이 먹고 싶은지를 정해 주는 것은 사람의 역할입니다.

뛰어난 요리사는 동일한 조리 기구나 재료를 사용해도 만들어 내는 요리의 질이 다르다

→ 좋은 데이터 과학자는 알고 있는 레시피 종류와 경험이 많으므로 예상치 못한 상황에서의 대처, 학습의 정확성, 대응하는 속도 등에서 우위에 있습니다.

→ 인공지능의 조리법이나 양념에 대해서는 다양한 방법론이 있으며, '이미지 인식에는 이것, 의미 해석에는 저것'이라고 하는 것 같이 방법이 하나로 한정되지 않습니다. 폭넓고 새로운 지식을 알고 있는 것, 그리고 그것을 실제로 사용한 경험이 있는지 등이 요구됩니다.

이어서 9-2절에서는 이러한 트러블의 대처 방법에 대해 자세히 알아보겠습니다.

> **이것만은 알아 두세요!**
>
> • 인공지능을 둘러싼 환경은 요리에 비유하면 알기 쉽다.
>
> | | | |
> |---|---|---|
> | 요리사 | → | 데이터 과학자 |
> | 식재료 | → | 데이터 |
> | 조리 기구 | → | 컴퓨팅 자원 |
> | 요리 | → | 학습을 마친 인공지능 |

인공지능 프로젝트에서 차별화할 수 있는 포인트를 알려 주세요

뛰어난 실력의 데이터 과학자(요리사)와 양질의 데이터(환상의 식재료)가 해답이지만, 둘 중 어느 하나도 확보하기가 쉽지는 않습니다.

인공지능을 사용할 때 차별화가 생기는 포인트

9-1절에서는 인공지능을 요리에 비유했습니다. 요리사(데이터 과학자), 식재료(데이터), 조리 기구(컴퓨팅 자원), 레시피(알고리즘), 손님(사용자), 이 모든 것을 갖추면 인공지능을 효과적으로 활용할 수 있습니다.

사실, 실무에서는 이 중에서도 차별화가 되는 부분과 안 되는 부분이 있습니다. 앞으로 비즈니스에 인공지능을 활용하고 싶다면 이 중 어디에 주력해야 할까요? 이제부터 하나씩 살펴보도록 하겠습니다.

레시피(알고리즘)에서 차이가 난다

현재 인공지능의 핵심 알고리즘은 대부분 '논문이나 프로그램 소스 코드를 누구라도 무상으로 이용'할 수 있는 오픈소스 환경에 있습니다. 이 부분은 상당히 특수한 산업 구조라고 할 수 있습니다.

실제로도 해외의 최신 인공지능 알고리즘을 인터넷에서 무료로 다운로드 받아서 작동시킬 수 있습니다. 게다가 선택의 폭도 다양하고 품질도 좋기 때문에 웬만한 대기업이 아닌 한 핵심 알고리즘을 스스로 연구 개발하는 것은 현실적이지 못합니다. 즉, 인공지능 알고리즘 자체로 차별화하는 것은 어렵다는 의미입니다.

조리 기구(컴퓨팅 자원)에서 차이가 난다

인공지능, 특히 그중에서도 딥러닝을 활용하려면 수집한 대량의 데이터를 학습시키기 위해 고성능의 컴퓨팅 자원을 필요로 합니다. 그 때문에 뛰어난 조리 기구를 갖고 있지 않으면 차별화가 불가능합니다. 하지만 요즘은 이러한 컴퓨팅 자원을 비교적 부담 없이 사용할 수 있게 되었습니다.

고성능 IT 인프라를 클라우드(인터넷을 통해 다른 곳의 컴퓨팅 자원을 사용하는 방식)를 통해 사용할 수 있기 때문입니다. 아마존, 구글, 마이크로소프트 등에서 제공하는 서비스를 사용하면 조리 기구를 직접 갖추지 않더라도 뛰어난 성능의 환경을 손쉽게 사용할 수 있습니다. 이것도 앞의 레시피 예제와 같이 뒤집어 생각해 보면 차별화를 둘 수 없는 상황이라고 할 수 있습니다.

참고로 세계 최고 기업 간의 인공지능 연구 경쟁에 한해서는 큰 무기가 될 수도 있습니다. 구글과 같은 거대 기업은 통상의 컴퓨팅 환경에서 몇십 년이나 걸리는 계산을 자사의 거대한 컴퓨팅 자원을 사용해 몇 시간 만에 끝내는 일도 허다합니다. 하지만 이것은 지극히 특수한 예라고 할 수 있습니다.

평범한 기성품이 되지 않기 위한 차별화 포인트

요리사(데이터 과학자)로 차별화하자

요리사에 해당하는 데이터 과학자(혹은 엔지니어)는 실제로 소스 코드를 작성해서 인공지능을 만듭니다. 그들에게 요구되는 자질은 어떤 것일까요?

앞서 레시피(알고리즘)에서 설명했듯이 인공지능의 핵심 알고리즘은 나날이 진화하고 있습니다. 또한, 학회에서는 항상 새로운 연구 결과가 논의되고 있습니다. 이런 상황에서 좋은 요리사에게 요구되는 능력은 해외의 최신 논문을 이해할 수 있는 **어학 능력**, 수학 등의 **배경지식**, **프로그래밍 능력**, 그리고 가장 중요한 평소에 **최신 동향을 계속 모니터링하는 것**입니다. 그리고 요리사에게는 뛰어난 **컨설팅 능력**도 필요합니다. 그래야만 확보된 데이터를 활용해서 뭔가 해보고 싶다는 기업에게 무엇을 할 수 있고, 무엇을 할 수 없는지 제안할 수 있습니다.

또한, 좋은 요리사에게는 재료가 주어졌을 때 일품의 요리를 만들 수 있는 자신만의 기술에 더해 여러 가지 다양한 요리를 만들 수 있는 많은 노하우를 가지는 것도 중요합니다. 인공지능의 기법(레시피)은 일취월장으로 발전하고 있어서 전반적인 수준(요리의 맛)이 상향 평준화되고 있기 때문입니다.

하지만 현실적으로 대부분의 소규모 기업에서는 이 정도 수준의 인공지능 엔지니어를 확보하기 어렵습니다. 그 때문인지 인공지능이 적합하지 않은 업무에 무리해서 적용하려는 케이스도 적지 않습니다. 우수한 인공지능 연구자의 입도선매立稻先賣[38]가 심해지고 있는 것도 이 때문입니다. 뉴스에서도 보도된 것처럼 대졸 신입 초봉이 1억 원을 넘는 경우도 있습니다.[39]

어떤 한 데이터 과학자 이야기를 예로 들어 보겠습니다. 그 데이터 과학자는 혼자서 스스로 몇 년에 걸쳐 개량해 온 자신만의 알고리즘을 가지고 있었으며, 이는 자신만의 자랑거리이기도 했습니다. 그런데 입사 1년 차 신입이 다른 방법을 사용해서 구현해 보겠다며 해외에서 발표된 지 얼마 안 된 프로그램 소스 코드를 가지고 와서 며칠 만에 시스템을 완성시키고 압도적으로 높은 정확도를 달성했다고 합니다. 이것은 특별한 케이스가 아닙니다. 즉, 인공지능 엔지니어는 단순 경력만으로 판단할 수 없는 직종입니다. 특정 기법만 터득한 것으로 **숙련된 엔지니어라고 불리는 것은 커다란 리스크**로 이어질 수도 있습니다.

이건 별로 공개하고 싶지 않은 얘기지만, 좋은 인공지능 엔지니어인지 아닌지는 지난 한 달 동안 흥미 있게 읽은 논문이나 기술 서적에 대해 물어보면 어지간해서는 쉽게 구별할 수 있습니다. 또 하나 덧붙이자면 뛰어난 인공지능 엔지니어는 예민한 사람이 많습니다. 혼자 힘으로 살아갈 능력이 되기 때문에 그 일에서 가치를 찾을 수 없거나 보수가 충분하지 않으면 곧 이직해 버릴 수도 있습니다. 우수한 인공지능 엔지니어 확보 경쟁의 치열함을 이해하실 수 있을 것입니다.

---

38 [옮긴이] 사전적인 정의는 '아직 논에서 자라고 있는 벼를 미리 파는 것'이며, 본문에서는 기업들이 인공지능 인재 확보를 위해 재학 중인 대학생이나 대학원생을 미리 채용하는 것을 의미합니다.(https://bit.ly/322KAFq 또는 https://bit.ly/3Gwf1Ts 참고)

39 https://www.mk.co.kr/news/business/view/2021/03/242395/(또는 https://bit.ly/33fP00U)

다른 데서는 구하기 힘든 환상의 식재료(데이터)로 차별화하자

인공지능을 영리하게 만들기 위해서는 요리사 이외에 더 중요한 것이 있습니다. 그것은 식재료에 해당하는 데이터입니다. 인공지능을 똑똑하게 만들기 위해 필요한 **양질의 빅데이터는 오픈소스로 공개된 인공지능 기술과는 달리 누구나 쉽게 얻을 수 있는 것이 아닙니다.**

인공지능을 사용하여 가치를 창출하는 데 가장 중요한 것은 알고리즘이 아니라 데이터(식재료)라고 해도 과언이 아닙니다.

GAFA(구글, 애플, 페이스북(현 메타), 아마존)와 같은 회사들은 사용자에 관한 정보를 산더미처럼 보유하고 있습니다. 그 밖에도 소셜 게임 등을 운영하는 회사는 사용자의 행동 로그를 가지고 있습니다. 이들은 타사에서는 입수하기 힘든 데이터를 무기로 자신들의 서비스를 차별화하고 있는 것입니다.

IoT 디바이스의 보급에 의해 기존에는 웹에 연결되어 있지 않던 사물(교통기관, 전자 화폐, 가전, 농장 등)에서 수집되는 데이터는 마치 디지털 금광과도 같습니다. 데이터라는 것은 그 독자성이 여실히 드러납니다. 왜냐하면 알고리즘은 이미 공개가 되어서 기성품화가 이루어졌지만, 데이터는 수집하는 프로세스에서 독창성을 발휘할 수 있고 남들이 쉽게 흉내 낼 수 없는 경우가 대부분이기 때문입니다.

손님(사용자)으로 차별화하자

실제 서비스에 인공지능을 도입해서 가치를 창출하기 위한 준비의 최종 단계라고 할 수 있습니다.

예를 들어, **인터넷 광고 기업**이 많은 고객을 확보할 수 있게 되면 인공지능을 통해 창출하는 가치는 현격히 증가합니다. 광고의 매치율이 단 몇 퍼센트만 올라가도 매출이 큰 폭으로 증가합니다. 그 밖에도 업무 프로세스 효율화 등을 통해 비용을 절감하는 것도 이와 같이 순이익에 직결됩니다.

인공지능은 기술적인 면이 우선하지만, 별다른 기술을 쓰지 않더라도 만들어 내는 임팩트가 크면 성공이라고 할 수 있습니다.

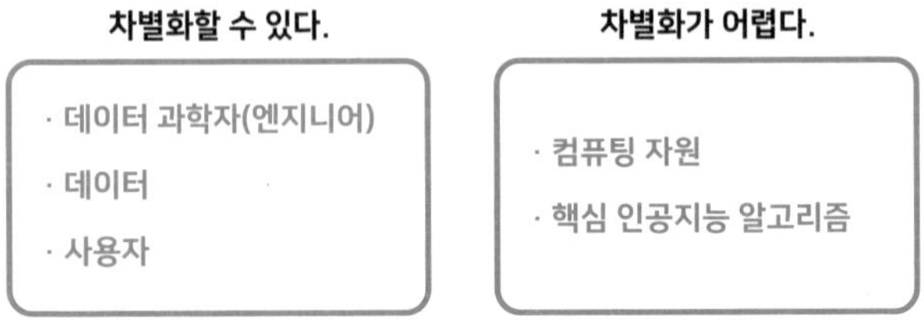

차별화할 수 있다.	차별화가 어렵다.
· 데이터 과학자(엔지니어) · 데이터 · 사용자	· 컴퓨팅 자원 · 핵심 인공지능 알고리즘

그림 55

인공지능 투자를
성공적으로
이끌어 가려면

10-1 　어떤 영역의 인공지능에 투자해야 할까요

10-2 　인공지능 비즈니스에 도전하려면 어떤 것에 주의해야 할까요

어떤 영역의 인공지능에 투자해야 할까요

인공지능은 식별, 예측, 실행의 세 가지 영역에 실용화되어 있습니다. 이 영역에 대해 전문 인력을 활용해 응용 연구를 진행하는 것을 추천합니다.

세 가지 기능 영역(식별, 예측, 실행)을 손에 넣기

2000년 무렵 시작된 제3차 인공지능 붐은 지금까지 계속되고 있으며, 기업의 연구 개발에 대한 투자도 확대되고 있습니다. 주된 요인으로서 '머신러닝'의 기술적 기반이 확립되고 인공지능의 학습 효율이 높아진 것과 더불어 '딥러닝'의 데이터 특징 추출 자동화를 들 수 있습니다.

지금까지 설명해 드렸듯이 인공지능 내부의 블랙박스화는 계속되고 있지만, 그래도 기존의 기술로는 어려웠던 작업이 가능해진 것은 인공지능의 가능성을 크게 넓혀 주었습니다. 그러면 이제 기업이 인공지능에 투자할 경우 어떤 타이밍에, 어떤 영역에 투자해야 할지 생각해 보겠습니다.

인공지능이 활약하는 분야(**기능 영역**)는 크게 세 가지로 분류할 수 있습니다.

식별 영역(사람과 동등한 눈이나 귀를 가지고 사람을 지원한다)

- 음성 인식
- 이미지 인식
- 언어 해석 등

예측 영역(과거의 데이터에서 배워 미래를 예측한다)

- 수요 예측
- 장애 예측
- 행동 예측 등

실행 영역(수송, 제조, 품질 관리 등 화이트칼라 업무 지원)

- 업무 최적화
- 작업 자동화 등

인공지능 기술은 이 세 가지 기능 영역 모두에서 실용화 수준에 도달했습니다. 좀 더 정확히 말하면 핵심 기술은 이미 상당 부분 상품화되어 있습니다.

기초 연구가 아닌 응용 연구로 승부하라

좀 더 파고 들어가봅시다. 인공지능의 연구에는 **기초 연구**와 **응용 연구**가 있습니다.

기초 연구는 인공지능의 구조 그 자체, **학습의 효율성이나 정확도 향상 방법, 애노테이션의 자동화(학습의 사전 준비 간소화) 등**을 가리킵니다. 세계 각국(특히, 미국과 중국)의 IT 대기업과 대학 등의 연구기관이 각축전을 벌이고 있는 분야입니다(8-2절 참고).

방대한 투자와 연구가 필요한 영역이므로 구글, 마이크로소프트, IBM, 아마존, 엔비디아, 메타와 같은 대기업의 서비스를 이용하는 것이 일반적입니다. 또한 SAP, 세일즈포스닷컴도 인공지능을 활용할 수 있는 서비스를 제공하고 있습니다.

참고로 유엔 세계 지식 재산권기구wipo의 2019년 1월 보고서에 따르면 인공지능 기술 특허 출원 수 상위 10개 기업은 다음과 같습니다(랭킹순).

1. IBM
2. 마이크로소프트
3. 도시바
4. 삼성전자
5. NEC
6. 후지쯔
7. 히타치 제작소
8. 파나소닉
9. 캐논
10. 알파벳(구글)

응용 연구는 인공지능을 도입하는 기업에 있어 경쟁력의 원천이 되는 부분입니다. 앞의 세 가지 기능 영역과 자사에서 파악할 수 있는 니즈의 공통점을 찾아내서 ① 어떤 핵심 기술을 선택하고, ② 어떻게 학습시키고, ③ 어떤 것을 출력해야 하는지 연구해 개발하는 것이 여기에 해당합니다.

(1)은 인공지능의 정확도와 직접 관련이 있으며, 투자 비용 대비 큰 효과를 거두기 위해 중요합니다. (2)는 가치 있는 데이터 파악, 데이터의 수집 및 저장 방법, 애노테이션 방법이나 비용을 검토하는 것으로 시작됩니다. (3)에는 다음의 10-2절에서 설명하는 윤리면이나 법 제도 정비 문제에 대한 검토가 포함됩니다. 이것은 실용화 여부와도 관련이 있습니다.

이러한 응용 연구는 데이터 분석가, 데이터 과학자, 인공지능 엔지니어, IT 엔지니어 각각의 역량이 조화를 잘 이루어야 성공률을 높일 수 있습니다.[40]

이것만은 알아 두세요!

- 인공지능이 활약할 수 있는 분야(기능 영역)는 식별, 예측, 실행의 세 가지로 나눌 수 있다.
- 인공지능 연구는 기초 연구와 응용 연구로 분류할 수 있다.
- 기초 연구는 전문 대기업에 맡기고, 인공지능을 도입하는 기업은 응용 연구(기업의 핵심 경쟁력)에 투자해야 한다.
- 응용 연구는 전문 인력(데이터 분석가, 데이터 과학자, 인공지능 엔지니어)의 활용이 관건이다.

---

40 일본 총무성 '2016년판 정보통신백서'

10-2

인공지능 비즈니스에 도전하려면 어떤 것에 주의해야 할까요

예산이 한정되어 있다면 인공지능의 성능이 낮아도 일정한 매출을 확보할 수 있는 비즈니스 모델을 고려해야 합니다.

인공지능을 적용시키기에 적합하지 않은 비즈니스 영역도 있다는 사실에 주의해야 합니다. 일반적으로 비즈니스에 인공지능을 적용시킬 때는 다음과 같은 항목 위주로 검토하는 경우가 많습니다.

- 그 업무에 인공지능이 필요한가 혹은 기존의 규칙 기반으로 대응할 수는 없는가?
- 의미 있는 학습 데이터는 충분히 확보할 수 있는가?
- 학습에 필요한 시간과 컴퓨팅 자원을 준비할 수 있는가?

이 항목은 필요 조건이지만 충분 조건은 아닙니다. 우선은 비즈니스 모델 자체가 인공지능의 특성에 맞는지 확인하는 게 중요합니다. 인공지능이 틀린 답을 내는 경우도 반드시 있습니다. 인공지능을 비즈니스에 적용시킬 때 가장 중요한 점도 **인공지능도 틀릴 수 있다는 전제하에 도입을 검토**하고 있는가 하는 것입니다.

여기서 간단한 모델을 하나 생각해 보겠습니다. 인공지능을 비즈니스에 적용시킬 때 인공지능을 주체적으로 사용할 것인지, 아니면 보조적으로 사용할 것인지에 관한 것입니다. 가로축은 인공지능의 정확도이며, 세로축은 그 비즈니스의 매출을 나타냅니다.

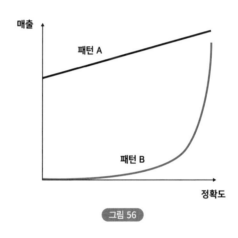

그림 56

패턴 A는 다음과 같은 특징을 가진 비즈니스 모델입니다.

- 인공지능이 없어도, 혹은 인공지능의 정확도가 0%이어도 일정한 매출이 확보되어 있다.
- 정확도가 향상됨에 따라 매출도 성장한다.

인터넷 통신 판매나 광고 추천 등은 이 패턴 A에 해당합니다. 인공지능 도입 시 학습이 충분하지 않아서 추천 상품의 정확도가 낮아도, 이용자가 원하는 상품을 검색해서 구매할 수 있기 때문에 어느 정도의 매출은 확보할 수 있습니다. 게다가 추천 상품의 예측 정확도가 높아지면, 해당 상품도 함께 구매할 확률이 높아지므로 이는 매출 향상으로 이어집니다.

한편, 패턴 B의 특징은 아래와 같습니다.

- 비즈니스 자체가 인공지능에 의존하고 있다.
- 인공지능의 정확도가 일정 수준에 도달할 때까지는 매출이 발생하기 어렵다.

의료 분야나 자율 주행 자동차 인공지능은 패턴 B에 해당합니다. 정확도가 낮을 때는 이용 자체가 불가능하거나 위험할 수도 있습니다. 정확도가 특정 임계점을 넘어서는 순간부터 급속히 사용량이 증가하고, 이는 결과적으로 매출 상승으로 이어집니다.

인공지능을 이용한 신규 사업은 패턴 B를 선택하는 경우가 많다

인공지능으로 신규 사업을 하려는 많은 기업들은 패턴 B를 지향하고 있습니다. 사실 인공지능 사업의 로망도 패턴 B라고 할 수 있을 겁니다. 그런데 패턴 B는 초기에 많은 투자와 연구가 필요하고, 인공지능에 필요한 충분한 정확도를 확보할 수 있을 때까지 수익을 거두기 어렵다는 점에 주의해야 합니다. 또한, 경우에 따라서는 법적인 문제가 발생하는 경우도 많이 찾아볼 수 있습니다.

인공지능에 필요한 윤리와 법 정비

현재의 자율 주행 인공지능은 고속도로나 자동차 전용도로에서는 완전 자동 운전 수준에 거의 도달했습니다. 자율 주행 5단계[41] 기준에서 레벨 4

41　[옮긴이]　SAE International[전신은 미국 자동차 공학회(Society of Automotive Engineers)]의 표준 J3016에서 레벨 0~5로 분류하고 있습니다. 레벨 0은 비자동화(No Automation), 레벨 1은 운전자 보조(Driver Assistance), 레벨 2는 부분 자동화(Partial Automation), 레벨 3은 조건부 자동화(Conditional Automation), 레벨 4는 고도 자동화(High Automation), 레벨 5는 완전 자동화(Full Automation)입니다.

(특정 구간에서는 시스템이 모든 것을 조작)까지는 실현되었습니다.

그러나 일선의 자동차 제조사들은 레벨 2(시스템이 스티어링 조작, 가감속 모두 보조) 수준의 자동차까지만 출시하고 있습니다. 일부 제조사들은 기술력을 어필하기 위해 레벨 3(특정 장소에서 시스템이 모든 것을 조작, 긴급할 때는 운전자가 개입) 수준의 기능을 차에 탑재하고 있지만, 그래도 공식적으로는 레벨 2, 즉 인공지능은 어디까지나 사람을 보조하는 것이지 대체하지는 않는 것으로만 판매하는 것 같습니다.

독일 벤츠와 보쉬는 2019년 9월 12일에 독일 행정부로부터 레벨 4(특정 장소에서 시스템이 완전히 조작)의 인가를 취득했습니다. 이 적용 범위는 발레 파킹(레스토랑 등의 주차장)에 한정됩니다. 여기에는 크게 두 가지 이유가 있습니다.

하나는 **안전 성능이 100%가 아니라는 것**입니다. 캘리포니아에서 실제로 일어난 사고를 예로 들겠습니다. 자율 주행 자동차는 도로 위에 흰 선을 인식해서 주행합니다. 어느 날 공사로 인해 차선이 임시로 변경되었습니다. 다만 도로 위의 흰 선은 수정되지 않고 그대로였기 때문에 자동차가 엉뚱한 곳으로 돌진해 버렸습니다. 자율 주행 인공지능이 공사로 인한 차선 변경 사례를 제대로 학습하지 않았던 것이 원인으로 알려져 있습니다.

이렇듯 자동차가 달리는 도로는 예외 사항이나 변수가 너무 다양합니다. 어떤 환경이나 조건에서도 문제없이 안전하게 달릴 수 있을 때까지는 레벨 2로서만 판매할 수 있는 것입니다.

또 하나는 유명한 **트롤리 딜레마**입니다. **어떤 사람을 살리기 위해 다른 사람을 희생하는 것이 허용 가능한가**하는 문제로서, 선로를 달리던 열차의 브레이크가 고장 났다고 합시다. 선로는 두 갈래로 나누어져 있고, 양쪽 모두 사람이 있습니다. 그중 어느 한 쪽에 부딪힐 수밖에 없는 경우, 어떤 선로를 선택해야 할까요?

이것은 윤리학의 사고思考 실험입니다. 오른쪽 선로에는 5명, 왼쪽에는 3명이 있다고 했을 때 피해를 줄이기 위해 왼쪽을 선택하는 것이 정답일까요? 만약에 왼쪽은 전부 어린 아이들이라도 같은 결정을 할까요? 이 문제에 정답은 없습니다. 세계 각국에서 연구되고 있는데, 국가에 따라서도 해답이 미묘하게 차이가 나는 어려운 문제입니다.

자율 주행 인공지능은 바로 이 트롤리 딜레마에 직면하게 됩니다. 인공지능 연구자의 관점에서 보자면 **자율 주행은 자동차의 안전을 100%에 가깝게 보장할 수 있지만, 사고율을 0%로 만들 수는 없습니다.** 이 문제는 인공지능 연구자나 자동차 제조사만으로는 해결할 수 없습니다. 인공지능을 이용하는 사람뿐만 아니라 이용하지 않는 사람과의 사이에서도 윤리적인 면에 대해 공통의 이해가 필요합니다. 또한, 관련된 법 정비도 요구됩니다. 이러한 문제는 자율 주행뿐만 아니라 의료나 재난 대응을 위한 인공지능에서 트리아지triage[42]와 같은 생명의 우선순위를 결정하는 경우에도 마찬가지로 발생합니다.

---

42 [옮긴이] 응급 상황에서 치료의 우선순위를 정하기 위한 환자 분류 체계

인공지능의 성능 향상과 매출 증가의 관계는 일률적이지 않다

인공지능의 성능이 향상되어도 그에 비례해 매출이나 이익이 반드시 늘어나지는 않습니다. 매출은 당연히 그 사업의 성장 가능성에 의존합니다.

또한, 인공지능 분야에서만 볼 수 있는 현상이 있습니다. 숙박 예약 사이트인 부킹닷컴Booking.com에서 어떤 논문을 발표하였는데,[43] 여기에는 인공지능 모델이 그들의 비즈니스에 어떤 영향을 미치고 있는지에 대한 연구 결과가 논의되고 있습니다.

이 논문에는 인공지능의 성능이 향상되었을 때, 사용자가 느끼는 **불쾌한 골짜기**uncanny valley가 언급됩니다. 불쾌한 골짜기란, 인공지능의 성능이 특정 수준에 도달하게 되면 인공지능에게 거부감을 느끼게 되는 현상입니다. '인공지능이 나를 너무 많이 알고 있다' 혹은 '인공지능에게 놀아나고 있다'고 느끼게 되면 서비스를 순순히 받아들일 수 없게 되어 버립니다. 이러한 부분도 인공지능의 성능을 향상시킬 때 반드시 고려해야 할 점입니다.

---

43 '150 Successful Machine Learning Models: 6 Lessons Learned at Booking.com'
https://dl.acm.org/doi/10.1145/3292500.3330744(또는 https://bit.ly/3hWESJg)

가까운 미래의
인공지능은
어떻게 될까요

머지않아 실현될 인공지능 비즈니스의 변화

가까운 미래(약 5년 후)의 인공지능이 어떻게 될지 예측하는 것은 인공지능 비즈니스의 투자 효율을 높이기 위해서 매우 중요합니다. 지금까지 보신 것처럼 세계 각국의 뛰어난 실력을 가진 수많은 연구자들이 치열한 경쟁을 계속해 나가고 있습니다(우리나라는 연구자의 부족이 문제가 되고 있습니다만).

인공지능 분야는 핵심 기술이나 응용 기술 모두 하루가 다르게 혁신되고 있기 때문에 5년 후는 아득히 먼 미래와도 같아서 사실 예상하기가 쉽지 않습니다. 그렇다고 해도 이번 장에서는 용기를 내어 미래 예측에 도전해 보겠습니다.

최근 인공지능의 발전 속도를 감안할 때 **지금의 인공지능이 할 수 있는 부분은 갈수록 완벽에 가까울 정도로 발전하며, 아직 불가능한 부분은 가능성이 싹틀 것**이란 점은 틀림없습니다. 보다 구체적으로는 다음의 다섯 가지가 실현될 것이라고 예상합니다.

1. 인공지능의 정확도가 점점 향상된다.
2. 인공지능을 개발하는 프로세스가 대폭 간소화(자동화)된다.
3. 인공지능 내부의 해석 가능성이 높아진다.
4. Society 5.0 실현으로 인공지능을 이용할 수 있는 환경 조성이 확대된다.
5. 퍼지(fuzzy) 개념을 다루는 인공지능이 실용화된다.

현재 상당수의 인공지능 연구자들은 1 ~ 3번에 해당하는 개량 연구에 임하고 있습니다. 특히, 2번의 예시로서 인공지능을 개발하는 번거로움을 최소화하기 위해 구글의 AutoML이나 마이크로소프트의 Cognitive

Services 등, 많은 IT 기업이 고도의 프로그래밍 능력이 없어도 누구나 클릭 몇 번으로 머신러닝 모델을 만들 수 있는 서비스를 제공하기 위해 경쟁하고 있습니다. 3번의 인공지능 내부의 해석 가능성은 인공지능의 신뢰성을 원하는 이용자들의 수요가 증가하고 있습니다.

〈Human-in-the-Loop Interpretability Prior(해석 가능성 최적화를 위한 휴먼-인-더-루프)〉(하버드 및 구글, 2018)[44]이라는 논문이 발표된 적이 있습니다. 이 논문에서는 인공지능의 학습 루프에 사람이 직접 개입하는 것에 대해 논의하고 있습니다. 이 방식은 기존부터 연구가 진행되고 있지만, 사람이 학습 과정에 들어갈 경우 그 학습 비용(시간)이 너무 커지는 문제가 있습니다. 그렇기 때문에 이 분야의 연구 포인트는 두 가지가 됩니다.

하나는 학습 과정에 인간이 관여하고, 이를 통해 '사람이 직접 가르치기보다는, 사람에 가까운 형태로 학습을 가능하게 하는 것'이 목적입니다. 또 하나는 사람의 부담을 최대한 덜어 주고, 현실적으로 가능한 수준으로 만들자는 것입니다. 이 논문에서는 사람으로부터의 피드백을 가능한 한 줄이더라도 학습이 가능하도록 효율화시키는 방안을 모색하고 있습니다. 몇 가지 모델을 준비해서 각각에 대한 사람들의 반응 시간을 보자는 제안으로, 물론 이에 대한 반론도 적지 않습니다.

그렇지만 지금처럼 정답 데이터를 많이 준비해서 학습시키는 방법보다, 대화형 인터페이스에 더 가까운 방식으로 '사람에서 사람으로 이어지는 지식 공유'가 진행되어 보다 해석 가능성이 높은 모델이 만들어질 것으로 생각됩니다. 4번의 Society 5.0은 일본 내각부가 제정한 과학 기술 기

---

44 https://arxiv.org/abs/1805.11571

본 계획[45, 46]에서 제창된 개념입니다.

> Society 5.0은 수렵 사회(Society 1.0), 농경 사회(Society 2.0), 공업 사회(Society 3.0), 정보 사회(Society 4.0)에 이어서 계속되는 새로운 사회(초스마트 사회)를 가리키는 것으로, 제5기 과학 기술 기본 계획에 있어 목표로 해야 할 미래 사회의 모습입니다.
>
> Society 5.0으로 실현되는 사회는 IoT(Internet of Things)로 모든 사람과 사물이 연결되고, 다양한 지식과 정보가 공유되며, 지금까지 없었던 새로운 가치를 창출함으로써 여러 가지 과제와 어려움을 극복합니다. 또한 인공지능을 통해 필요한 정보가 필요한 때 제공되며, 로봇이나 자율 주행 자동차 등의 기술로 저출산 고령화, 지방의 과소화, 빈부 격차 등의 문제가 극복됩니다. 사회의 변혁(이노베이션)을 통해 지금까지의 폐쇄적인 사회를 넘어서서 희망을 가질 수 있는 사회, 세대를 초월하여 서로 존중할 수 있는 사회, 한 사람 한 사람이 능력을 마음껏 발휘할 수 있는 사회가 됩니다.

Society 5.0의 실현으로 여러 가지 분야의 다양한 디지털 데이터가 클라우드상의 저장 공간에 축적되고 인공지능에 활용될 것으로 기대됩니다. 인공지능을 이용할 수 있는 대상이 확대되는 것을 의미하며, 반대로 말해서 인공지능을 제대로 활용하지 못하면 경쟁 우위를 확보할 수 없다는 것이기도 합니다. 5번의 퍼지 개념을 다루는 인공지능의 실용화는 앞으로의 인공지능의 발전 방향을 크게 바꿀 수 있는 가능성을 내포하고 있습니다.

현재의 인공지능은 데이터가 주어지면 사람이 정한 목적 함수를 최대화하도록 학습하고 있습니다. 학습이 제대로 되었는지 판정하는 지표는 '정답

45　https://www8.cao.go.jp/cstp/society5_0/index.html(또는 https://bit.ly/3fo9pP4)
46　[옮긴이] 우리나라도 과학기술기본법을 '과학기술혁신기본법'으로 개정하여 이에 바탕을 둔 과학기술 혁신기본계획 수립과 추진 체계 구축 등을 적극 검토하고 있습니다. https://www.kistep.re.kr/board.es?mid=a10306060000&bid=0031&list_no=35008&act=view(또는 https://bit.ly/3flrhKv)

률'이며, 이것을 최대화하는 것이 제대로 된 인공지능을 만드는 관건입니다. 인공지능에게 뭔가를 피드백하는 관점에서 이러한 O/× 방식은 객관적이고 명확하기 때문에 매우 효율적입니다.

하지만 인간은 매일매일의 판단을 단순히 정답이냐 오답이냐는 식으로 생각하지 않습니다. 대부분의 경우 퍼지(애매모호) 상태입니다. 그냥 즉흥적인 기분에 따라 오늘 뭘 먹을지 결정하고, 왠지 모르게 이 곡을 듣고 싶은 것이지, 각각의 판단에 78.2점과 같이 정량적으로 점수를 매겨서 결정하지는 않습니다.

인공지능이 사람에게 더 가까이 다가가기 위해, 구체적으로는 7-2절에 언급한 바와 같이 사회성을 가지기 위해서는 이러한 퍼지 감각을 익혀야 합니다. 예를 들어, 작곡하는 능력을 가진 인공지능을 만드는 시도는 기존에 이미 존재하던 지표 중에 어떤 걸 최대화하도록 학습시켜야 하는지에 대한 시행착오를 계속하고 있습니다. 이 퍼지 감각을 담아낼 수 있는 인공지능을 만드려는 시도가 아직 성공하지 못했기 때문에 사람의 마음을 감동시키는 곡은 만들지 못하는 상황입니다. 3번처럼 인공지능의 학습 과정에 사람이 관여하는 방법이 진화함에 따라 인공지능이 사람과 같은 감정 표현 능력을 가질 수 있게 될 날이 멀지 않아 보입니다.

소니 컴퓨터 사이언스 연구소Sony CSL는 인공지능이 만든 곡을 유튜브에 공개하고 있습니다. 약 13,000곡의 리드 시트lead sheet(악곡의 선율과 코드와 가사만을 표기한 악보)를 데이터베이스에 등록하여 학습시키고, 인공지능이 사람의 지시에 따라 작곡하며, 최종 마무리와 작사는 사람들이 했다고 합니다.

또한, 2019년 9월에는 NHK가 인공지능 기술을 통해 미소라 히바리美空ひ
ばり(일본의 유명 가수, 1937 ~ 1989)를 현대에 되살리는 시도를 하였습니다.
인공지능이 미소라 히바리의 과거 음반, 공연 음원 등에서 노래 소리를 학
습해 아키모토 야스시秋元康 씨가 프로듀싱하는 신곡에 참여하는 프로젝
트입니다. 그 과정에서 기존의 곡으로 학습을 완료한 인공지능이 신곡에
대응하는 데 어려움을 겪었다고 하는데, 그 이유는 인공지능이 과거 음원
데이터에서 무엇을 학습해야 할지는 사람이 정해야 하기 때문입니다. 또
한, 미소라 히바리 특유의 개성을 담아내기 위해 여러 가지 시행착오를 거
쳤다고 알려졌습니다. 인공지능으로 재현된 미소라 히바리의 공연은 2019
년 12월 31일 NHK 홍백가합전에서 방영되었습니다.

가까운 미래에는 실현이 어려운 것

지금까지는 가까운 미래에 인공지능이 실현할 수 있는 것을 예상했습니
다. 그렇다면 실현될 수 없는 것은 무엇일까요? 현재 여러 가지 논란이 되
는 것들은 많지만, 이 두 가지는 적어도 5년 내에는 실현되지 않을 것이라
예상됩니다.

1. AGI(Artificial General Intelligence, 강인공지능 혹은 범용 인공지능)
2. 인공지능 윤리관, 인간 생명의 중요성

1번의 AGI는 앞에서 설명해 왔던 바와 같습니다. AGI는 현재 인공지능
이론의 연장선상에는 존재하지 않습니다. **AGI를 구현하려면 '모르는 것에
대해 범용적으로 추론해서 지식을 얻는 자율성'이 필요**합니다. 이는 ANI(특
화형 인공지능)를 여러 개 조합한다고 해도 구조적으로 실현될 수 없습니
다. 덧붙여 일본에서는 전뇌 아키텍처 이니셔티브WBAI라고 하는 NPO(비영

리 단체)가 '뇌가 학습하는 전반적인 아키텍처를 기반으로 인간과 같은 지적 능력을 갖는 범용 인공지능을 목표로 하는 연구 개발 활동'에 착수했습니다.

2번의 인공지능 윤리관과 인간 생명의 중요성은 자율 주행 자동차에서 나온 트롤리 딜레마와 같은 문제의 해결을 위해 필요합니다. 현재의 기술로 생명의 중요성을 인공지능이 수치화하는 것은 가능하지만, 그 정당성에 대한 윤리관의 문제가 해결될 때까지는 결코 실용화할 수 없습니다.

인공지능 윤리는 세계의 여러 연구기관에서 논의되고 있습니다. 그 가운데 두드러지는 것은 **세계 각국의 견해 차이**입니다. 개인이 중요시되는지, 아니면 국가 전체의 이익이 우선되는지, 또는 철학 사상이나 종교관에 관련된 문제로도 이어지기 때문입니다.

최종적으로 인공지능의 윤리관은 세계 공통의 어떠한 모범적 지표로 수렴하는 것이 아니라, 사용하는 사람의 각각의 윤리관에 따르는 것을 목표로 하게 될 것이라고 생각됩니다. 인공지능이 악용되지 않도록, 그리고 살상 무기로 사용되지 않기 위해 전 세계 차원의 합의가 이루어져야 하지만, 낙관적으로만 바라볼 수 있는 문제는 아닙니다.

이 책은 인공지능 도입을 생각하고 있거나 제대로 활용하고 싶은 분들에게 인공지능이 어떻게 이루어져 있는지 알려 드리고자 하는 마음으로 집필했습니다. 여기까지 읽으셨다면 다음의 설명이 무슨 뜻인지 이해가 되실 것입니다.

- 기술적 특이점(singularity): 인공지능이 인간의 지성을 넘게 되어 인간 생활에 큰 변화가 일어나는 것은 아직 몇십 년 후의 일이다.
- 인공지능은 사람의 설계에 의존해서 작동한다.

그렇다면 이런 인공지능을 앞으로 어떤 관점에서 받아들이는 것이 좋을까요? 인공지능을 문자 그대로 풀이하면 '인간이 만들어 낸 지능artificial intelligence'입니다. 이것은 뭔가 '사람과 대립하는 관계'라는 이미지를 떠오르게 합니다.

관점을 바꾸어서 이것을 **확장지능(혹은 증강지능**augmented intelligence**)**으로 간주하자는 제안이 있습니다. 확장지능은 인공지능을 '사람의 지식을 확장하는 것'으로 재정의해서 활용하는 것을 목표로 합니다. 여기서 augment

는 확장 혹은 증가라는 의미입니다.

참고로 확장지능과 더불어 **인지 컴퓨팅**cognitive computing도 같이 쓰이는 경우가 많습니다. cognitive는 인지 혹은 인식이라는 의미이며, 인지 컴퓨팅은 **사람이 가진 감각을 최대한 재현하는 것**을 지향합니다. 덧붙여 인공지능과 확장지능의 용도를 구분해서 사용하는 경우도 있습니다.

인공지능

- 빅데이터에서 특징을 추출하여 사람이 풀 수 없는 복잡한 문제에 대응
- 제조업, 금융, 소매 등의 업종에서 프로세스 자동화에 적합

확장지능

- 사람의 사고를 돕는 것을 목적으로 빅데이터를 해석
- 창조성이나 유연한 대응이 필요한 영역에서 사람을 지원
- 의사결정 지원, 비용 절감, 생산성 효율화 등에 적합

두 가지 모두 인공지능의 핵심 기술(머신러닝, 뉴럴 네트워크, 딥러닝 등)을 사용한다는 공통점이 있습니다.

확장지능의 좋은 예로 계약서 초안 작성을 들 수 있습니다. 지금까지 사람이 처음부터 작성하던 계약서를 인공지능이 용도에 따라 선례를 참고하여 자동으로 생성합니다. 최종 공정으로 사람이 확인 작업을 실시하지만 초안 작성 시점에서 필요한 요건을 실수로 누락시키는 일이 없어지고, 또 모순점이나 애매한 부분을 제외시킬 수 있어서 생산성이 크게 향상되고 있습니다.

인공지능이 이와 같이 활약할 수 있게 된 것은 인공지능 내부의 학습 구조나 클라우드상의 컴퓨팅 자원 성능이 향상되어 왔기 때문이지만, 그

배경에는 데이터의 디지털화가 꾸준히 진행되어 온 것이 큰 공헌을 했습니다.

일본의 인공지능 활용은 미국이나 중국에 비해 뒤쳐지고 있습니다. 그 원인은 핵심 기술에 대한 연구와 투자가 늦었기 때문이라고 알려져 있지만, 그 이면에는 미국에 비해 인공지능에 투입할 수 있는 디지털 데이터의 기반이 마련되어 있지 않은(데이터가 준비되어 있지 않은) 현실이 있습니다.

예를 들어, 미국에 위성 영상의 빅데이터가 있습니다. 미국 **오비탈 인사이트**Orbital Insight라는 회사는 캘리포니아주 팰로앨토에 본거지를 둔 스타트업으로, 위성, 드론, 기구, 기타 무인항공기UAV로부터 수 페타바이트Petabyte[47]에 이르는 데이터를 입수하고 그것을 머신러닝을 통해 해석하여 고객의 의사결정 지원을 위한 데이터를 제공하고 있습니다. 그들은 자체 인공지능 알고리즘을 이용해 위성 영상에서 얻은 자동차나 건축물의 등의 상황으로부터 경제 지표 예측, 유통 상황이나 건축 상황의 변화, 교통량 파악, 신용 거래 등의 금융 상품에 있어서의 부정 탐지, 재해 시의 피해 상황 파악 등을 실시하고 있습니다.

일본에서는 Society 5.0이 발표되었습니다(제11장 참고). Society 5.0을 통해 일본에서도 사회 인프라에서의 디지털 데이터(전자 진료 기록 카드 등)의 내실화가 전망되며, 5G 네트워크의 보급에도 큰 기대가 모아지고 있습니다. IoT가 개인뿐만 아니라 사회 전역으로 빠르게 퍼질 것입니다. 그 결과 기존과는 비교되지 않는 엄청난 디지털 데이터가 생성되어 클라우드에 저장될 것입니다. 이것은 일본도 본격적인 인공지능 도입을 위한 발판을 마련

47　[옮긴이] 1페타바이트 = 1024테라바이트(2^{10}테라바이트)

하고 있다는 것을 의미합니다. 모쪼록 이 책을 통해 인공지능에 대한 올바른 이해를 바탕으로 하여 인공지능을 꼭 **사람의 능력을 키우고 잠재력을 이끌어 내는 도구**로 잘 활용해 주셨으면 좋겠습니다.

덧붙여 이 책을 집필하는 데 있어서 인공지능에 관련된 학회나 연구의 최신 동향 등에 대해 많은 연구자들에게 조언을 받았습니다. 도쿄 대학교 대학원 공학계 연구과 시스템창성(創成)학 전공 토리우미 후지오 준교수님 및 연구실의 멤버, 주식회사 TDAI Lab, 주식회사 와세다 정보기술 연구소의 연구 스태프에게 감사드립니다. 또한 이 책을 출판하는 데 있어 소시무 주식회사의 기즈 시게루님에게도 감사드립니다. 항상 독자의 시선을 우선시하는 편집 방침 덕분에 고유의 전문 용어가 많은 인공지능의 세계를 독자의 시점에서 이해하기 쉬운 언어로 알기 쉽게 설명할 수 있었습니다. 끝으로 읽어주신 독자분께 진심으로 감사의 말씀을 드립니다.

그림 1

'세계 인공지능 시장 급성장… 2025년까지 연평균 38% 성장'(매일경제, 2020)

https://m.mk.co.kr/news/economy/view-amp/2020/12/1308737/
(또는 https://bit.ly/3fEjGXH)

그림 3

《인공지능: 현대적 접근방식(제4판)Artificial Intelligence: A Modern Approach 4/E》
(스튜어트 러셀/피터 노빅 지음, 류광 옮김, 제이펍, 2021)

https://people.eecs.berkeley.edu/~russell/intro.html(또는 https://bit.ly/3fjROb7)

그림 5

〈작은 이미지에서 여러 계층의 특징 학습Learning Multiple Layers of Features from Tiny Images〉
(Alex Krizhevsky, 2009)

https://www.cs.toronto.edu/~kriz/cifar.html(또는 https://bit.ly/3HX8ZuJ)

그림 15, 그림 16

〈16,625편의 논문 분석을 통한 인공지능 발전 방향 예측 We analyzed 16,625 papers to figure
out where AI is headed next〉(MIT Technology Review Karen Hao, 2019)

https://www.technologyreview.com/2019/01/25/1436/we-analyzed-16625-papers-
tofigure-out-where-ai-is-headed-next/(또는 https://bit.ly/3qeCBhp)

그림 24

⟨더 나은 언어 모델과 그 의미Better Language Models and Their Implications⟩
(OpenAI, Alec Radford 외)

https://openai.com/blog/better-language-models/(또는 https://bit.ly/3rlOjrI)

그림 28

⟨하위미분을 이용한 최적화 기법에 관해(3)劣微分を用いた最適化手法について(3)⟩
(Preferred Networks, Inc. Research Blog, 2010.12.03)

https://tech.preferred.jp/ja/blog/subgradient-optimization-3/?fbclid=IwAROpcbB6eYX_
MNF6hjeX1fsHSbJohus-3xAyc6TRWnMw6gVGYO-9km9GEZ8(또는 https://bit.ly/3npjGig)

그림 29

⟨머신러닝에서의 훈련, 검증 및 테스트 세트에 대하여About Train, Validation and Test Sets in
Machine Learning⟩(Tarang Shah, 2017)

https://towardsdatascience.com/train-validation-and-test-sets-72cb40cba9e7
(또는 https://bit.ly/3qnfjGu)

그림 30(左)

https://nips.cc/Conferences/2018/Schedule?type=Invited%20Talk
(또는 https://bit.ly/31XZqwT)

그림 30(右)

https://nips.cc/Conferences/2017/Schedule?type=Invited%20Talk
(또는 https://bit.ly/3GmZ5CN)

그림 31

⟨딥러닝 시각적 분류에 대한 강력한 물리적 세계 공격Robust Physical-World Attacks on Deep
Learning Visual Classification⟩(Kevin Eykholt 외, 2018)

https://arxiv.org/pdf/1707.08945.pdf

그림 32

⟨자동화된 감시 카메라 속이기: 사람 검출 인공지능에 대한 적대적 패치 공격Fooling
automated surveillance cameras: adversarial patches to attack person detection⟩(Simen Thys 외, 2019)

https://arxiv.org/abs/1904.08653

그림 33(게재된 사진을 기반으로 저자 작성)

〈자동화된 감시 카메라 속이기: 사람 검출 인공지능에 대한 적대적 패치 공격Fooling automated surveillance cameras: adversarial patches to attack person detection〉(Simen Thys 외, 2019)

https://arxiv.org/abs/1904.08653

그림 34

적대적 패션Adversarial Fashion

https://adversarialfashion.com/

그림 35

Pin-Yu Chen(IBM Research)

그림 36

'딥페이크 영상 탑 10Top 10 Deepfake Videos'(WatchMojo.com)

https://www.youtube.com/watch?v=-QvIX3cY4lc(또는 https://bit.ly/3trHjKP)

그림 38

〈블랙박스 내부 들여다보기: 설명 가능한 인공지능(XAI)에 대한 조사Peeking Inside the Black-Box: A Survey on Explainable Artificial Intelligence(XAI)〉(Amina Adadi 외, 2018)

https://ieeexplore.ieee.org/document/8466590(또는 https://bit.ly/3qrCboe)

그림 39

https://pair-code.github.io/saliency/

〈스무드그래드: 노이즈를 추가해서 노이즈 제거하기SmoothGrad: removing noise by adding noise〉(Daniel Smilkov 외, 2017)

(https://arxiv.org/abs/1706.03825에 의거)

그림 40

〈문서 분류를 위한 HAN(계층적 주의 네트워크Hierarchical Attention Networks for Document Classification)〉(Zichao Yang 외, 2016)

https://www.cs.cmu.edu/~./hovy/papers/16HLT-hierarchical-attention-networks.pdf
(또는 https://bit.ly/3fmLT4T)

그림 41

⟨구글의 인공지능 전문가는 컴퓨터가 두뇌처럼 생각하기를 원한다Google's AI Guru Wants Computers to Think More Like Brains⟩(TOM SIMONITE/WIRED)

https://www.wired.com/story/googles-ai-guru-computers-think-more-like-brains/ (또는 https://bit.ly/wiredHinton)

그림 42

⟨의식의 형태공간The Morphospace of Consciousness⟩(Xerxes D. Arsiwalla 외, 2017)

https://arxiv.org/abs/1705.11190

그림 44(게재된 데이터를 기반으로 일부 개편)

⟨EfficientNet: AutoML 및 모델 스케일링을 통한 정확도와 효율성 향상EfficientNet: Improving Accuracy and Efficiency through AutoML and Model Scaling⟩(Mingxing Tan 외, 2019)

https://ai.googleblog.com/2019/05/efficientnet-improving-accuracy-and.html (또는 https://bit.ly/3szFSbm)

그림 47

⟨높은 정확도의 원본 이미지 합성을 위한 대규모 GAN 훈련Large Scale GAN Training for High Fidelity Natural Image Synthesis⟩(Andrew Brock, 2018)

https://arxiv.org/abs/1809.11096

그림 49

⟨AI 인덱스 2018 연례 보고서AI Index 2018 Annual Report⟩(스탠포드 대학교 인간 중심 인공지능 연구소Human-Centered Artificial Institute, HAI, 2018)

https://regmedia.co.uk/2018/12/13/ai.pdf(또는 https://bit.ly/3reImuZ)

그림 50

⟨중국은 인공지능 연구에서 미국을 추월할지도 모른다China May Overtake US in AI Research⟩ (Carissa Schoenick, 2019)

https://medium.com/ai2-blog/china-to-overtake-us-in-ai-research-8b6b1fe30595 (또는 https://bit.ly/3zXguzu)

그림 51

이공계 고등 교육Higher Education in Science and Engineering
(미국 국립과학재단National Science Foundation 과학/공학 지표Science and Engineering Indicators)

https://ncses.nsf.gov/pubs/nsb20197/international-s-e-higher-education
(또는 https://bit.ly/3I7hrrJ)

그림 52

⟨arXiv 제출 비율 통계arXiv submission rate statistics⟩(arxiv.org, 2019)

https://arxiv.org/help/stats/2018_by_area

그림 53

⟨밀도 비율 추정 관점에서의 GANGenerative Adversarial Nets from a Density Ratio Estimation Perspective⟩
(Masatoshi Uehara 외, 2016)

https://arxiv.org/abs/1610.02920

⟨암시적인 생성 모델에서의 학습Learning in Implicit Generative Models⟩
(Shakir Mohamed 외, 2016)

https://arxiv.org/abs/1610.03483

그림 54

⟨연도별 Arxiv 머신러닝 논문Machine Learning Arxiv Papers per Year⟩(Jeff Dean(Google))
https://twitter.com/jeffdean/status/1135114657344237568(또는 https://bit.ly/3rAUt63)

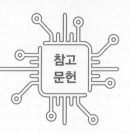

참고
문헌

- **AI白書2019**(AI 백서 2019)

  독립행정법인 정보처리추진기구 AI 백서 편집위원회(편)

  주식회사 가도카와 아스키 종합연구소 발행(2018.12)

  ISBN 978-4-04-911014-2

- **人間中心のAI社会原則検討会議**(인간 중심의 인공지능 사회 원칙 검토 회의)

  내각부

  https://www8.cao.go.jp/cstp/tyousakai/humanai/index.html

  (또는 https://bit.ly/3I2lvtj)

- **東京大学のデータサイエンティスト育成講座**

  (도쿄 대학교 데이터 과학자 육성 강좌)

  쓰카모토 쿠니타카・야마다 노리카즈・오사와 후미타카 (저)

  마이나비 출판사 발행(2019.3.14)

- **人工知能Vol.34 No.5**(2019年9月号)(인공지능 Vol.35 No.5(2019년 9월호))

  인공지능학회

  옴(Ohm)사 발행(2019.9)

- 「企業の投資戦略に関する研究会」報告書('기업의 투자 전략에 관한 연구회' 보고서)

  재무성(2017.3)

  https://www.mof.go.jp/pri/research/conference/00report/investment/inv_mokuji.htm
  (또는 https://bit.ly/3zVfwnz)

- 平成28年版情報通信白書(2016년판 정보 통신 백서)

  총무성(2016.7)

  https://www.soumu.go.jp/johotsusintokei/whitepaper/ja/h28/html/nc142000.html
  (또는 https://bit.ly/35PztRZ)

- State of AI Report 2019(인공지능 동향 보고서 2019)

  Nathan Benaich / Ian Hogarth(2019.6)

  https://www.slideshare.net/StateofAIReport/state-of-ai-report-2019-151804430
  (또는 https://bit.ly/3IkzjzR)

- Fooling automated surveillance cameras: adversarial patches to attack person detection(자동화된 감시 카메라 속이기: 사람 검출 인공지능에 대한 적대적 패치 공격)

  Thys S / Van Ranst W / Goedemé T.(2019.4)

  https://arxiv.org/pdf/1904.08653.pdf

- Explaining and Harnessing Adversarial Examples(적대적 샘플에 대한 설명 및 활용)

  Ian J. Goodfellow / Jonathon Shlens / Christian Szegedy(2015.3)

  https://arxiv.org/pdf/1412.6572.pdf

- ゼロから作るDeep Learning(밑바닥부터 시작하는 딥러닝)

  사이토 고키(저)

  오라일리 재팬 발행(2016.9)

  ISBN 978-4-87311-758-4

- 機械学習入門(머신러닝 입문)

  오제키 마사유키(저)

  옴(Ohm)사 발행(2016.11)

  ISBN 978-4-274-21998-6

- 人間ってナンだ?超AI入門(인간이란 무엇인가? 초 AI 입문)

  NHK E(교육 텔레비전)(2019.4 ~ 2019.6)

  https://www.nhk-ondemand.jp/program/P201700169900000/
  (또는 https://bit.ly/3KltUKC)

진솔한 서평을 올려 주세요!

이 책 또는 이미 읽은 제이펍의 책이 있다면, 장단점을 잘 보여 주는 솔직한 서평을 올려 주세요.
매월 최대 5건의 우수 서평을 선별하여 원하는 제이펍 도서를 1권씩 드립니다!

- **서평 이벤트 참여 방법**
  ❶ 제이펍 책을 읽고 자신의 블로그나 SNS, 각 인터넷 서점 리뷰란에 서평을 올린다.
  ❷ 서평이 작성된 URL과 함께 review@jpub.kr로 메일을 보내 응모한다.

- **서평 당선자 발표**
  매월 첫째 주 제이펍 홈페이지(www.jpub.kr) 및 페이스북(www.facebook.com/jeipub)에 공지하고,
  해당 당선자에게는 메일로 개별 연락을 드립니다.

독자 여러분의 응원과 채찍질을 받아 더 나은 책을 만들 수 있도록 도와주시기 바랍니다.

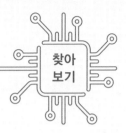

찾아
보기

숫자

2045년 문제	7

A

AAAI	163, 169
Accountability	114
AGI	6
AlphaGo Zero	69, 142
ANI	6
annotation	32
arXiv	170
augmented intelligence	214
AutoML	136

B

Bayesian Network	41
Bias	108

C

cognitive computing	215

D

deepfake	104
DFDC	106
Discriminator	148

E

EfficientNet	138
Evolutionary Algorithm	41
Explainability	118
Explainable Artificial Intelligence	120

F

Fairness	108

G

GAN	146
Generator	148
GPT-2	63

H

Human-in-the-Loop Interpretability Prior	
	209

hyperparameter 136

I

ICML 169
IJCAI 169
ILSVRC 136
ImageNet Large Scale Visual Recognition
　Challenge 136
Interpretability 120

K

Kaggle 140

M

Markov Model 41

N

Neural Network 41
NeurIPS 91, 169

O

objective function 26

R

Robustness 97

S

signifiant 62
signifié 62
SmoothGrad 121
Support Vector Machine 41
SVM 41
symbol grounding problem 61

T

test 88
training 88

U

uncanny valley 206
utility function 20

V

validation 88

X

XAI 120

ㄱ

강인공지능 6
강화 학습 143
검증 데이터 88
견고성 97
경험 손실 82
공정성 108
과학습 83
규칙 기반 시스템(전문가 시스템) 38, 43
기대 손실 82
기의 62
기표 62
기호 내용 62
기호 표현 62

ㄴ

네트워크 효과 159
뉴럴 네트워크 41

ㄷ

딥러닝 55
딥페이크 104

ㅁ

마르코프 모델 41
만능 근사 정리 80
머신러닝 49
목적 함수 26

ㅂ

범용 인공지능 6
베이지안 네트워크 41
불쾌한 골짜기 206
블랙박스 52, 90

ㅅ

생성자 148
생성적 적대(대립) 신경망 146
서포트 벡터 머신 41
설명 가능성 118
설명 책임 114
스무드그래드 121
시그널 24, 54
시니피앙 62
시니피에 62
심벌 그라운딩 문제 61

ㅇ

알파고 제로 69, 142
약인공지능 6
애노테이션 32
인간처럼 생각하는 시스템 12
인간처럼 행동하는 시스템 12

인지 컴퓨팅 215

ㅈ

자가 대국 144
재범 예측 인공지능 111
전문가 시스템 43
중국어의 방 65
증강지능 214
진화적 알고리즘 41

ㅋ

캐글 140

ㅌ

테스트 데이터 88
트롤리 딜레마 204
특화형 인공지능 6

ㅍ

판별자 148
편향성 108
표현 능력 74, 77

ㅎ

하이퍼파라미터 136
학습 54
합리적으로 생각하는 시스템 12
합리적으로 행동하는 시스템 12, 17
해석 가능성 117, 120
확장지능 214
효용 18
효용 함수 20
훈련 데이터 88